Das Buch

Viele Menschen gehen davon aus, daß es im 20. Jahrhundert gelungen sei, den Kapitalismus zu zügeln und zu reformieren. Seine Entwicklung habe das Leben auf angenehme Weise verbessert. Warum sollte es im 21. Jahrhundert nicht so weitergehen? Nein, es geht nicht so weiter, weil es seither zwei wesentliche Veränderungen gab: erstens existiert das den Sozialabbau bremsende sozialistische »Weltsystem« nicht mehr, zweitens erpreßt das Finanzkapital die globalisierte Welt. Eine Selbst-Zivilisierung des Kapitalismus wird es nicht geben.
Welche Rolle spielt nun die »Agenda 2010« für die wirtschaftlichen und sozialen Rahmenbedingungen der Gesellschaft, welche Maßnahmen dienen welchem Ziel, was ist der Sinn dieser »Reformen«?
Diesen Fragen gehen die beiden Autoren nach. Sie nehmen den Reform-Kanzler Schröder beim Wort. Und sie wählen als Bezugspunkt ihrer alternativen Überlegungen den gewagten, aber sachlich begründeten Vergleich zum Sozialsystem der DDR.

Die Autoren

Dr. Ute Kaden, Jahrgang 1940, geboren und aufgewachsen in Dresden. Diakoniehelferin, Fernstudium (Ingenieurökonom), von 1965 bis 1993 EDV-Organisatorin, danach, bis 2001, Referentin Finanzen und Controlling bei der Trägergesellschaft des Landes Sachsen-Anhalt für die Arbeitsfördergesellschaften dieses Bundeslandes. Freiberufliche Unternehmensberaterin.

Wolfgang Herrmann, Jahrgang 1939, geboren und aufgewachsen in Großenhain. Zimmerer, Bauingenieur, nach Studium an der Akademie für Staat und Recht FDJ-Funktionär, von 1975 bis 1978 Studium in Moskau an der Akademie für Gesellschaftswissenschaften, danach Bezirksleitung der SED Neubrandenburg. Von 1992 bis 1995 Projektingenieur. Seither betreibt er ein Ingenieurbüro in der Uckermark.

Ute Kaden
Wolfgang Herrmann

DDR kontra Agenda 2010

Streitschrift für Alternativen zur Wirtschafts- und Sozialpolitik

edition ost

ISBN 3-360-01053-1

Rosa-Luxemburg-Str. 39, 10178 Berlin
Umschlaggestaltung: Peperoni Werbeagentur Berlin
Printed in Germany

Die Bücher der edition ost
erscheinen in der Eulenspiegel Verlagsgruppe

www.edition-ost.de

Inhalt

Vorwort

Ich kann freilich nicht sagen, ob es besser wird, wenn es anders wird, aber soviel kann ich sagen: Es muß anders werden, wenn es gut werden soll.
Georg Christoph Lichtenberg

Im Jahr 2003 wurde die politische Klasse nicht müde, den 50. Jahrestag des »Volksaufstandes« in der DDR zu feiern. Sie betonte immer wieder die Kontinuität des Freiheitswillens des Volkes der DDR von 1953 bis zur »friedlichen Revolution 1989«.

Ungeachtet der Frage, ob es am 17. Juni 1953 wirklich um das ging, was Journalisten, Historiker und Politiker mehrheitlich herausstellten, und mal angenommen, es verhielte sich so. Dann drängt sich zwangsläufig die nächste Frage auf: Haben die Menschen in der DDR auch bekommen, wofür sie bis 1989/90 angeblich so ausdauernd gestritten haben? Hat sich der Feiheitskampf gelohnt?

Für einige schon. Für die meisten eher nicht.

In der DDR standen das Menschenrecht auf Arbeit, auf eine Wohnung, auf Bildung, gesundheitliche Betreuung, auf Erholung, auf Gleichberechtigung etc. nicht nur im *Neuen Deutschland*. Sie waren erfahrbare Realität.

Mit den bürgerlichen Rechten tat sie sich schwer. Hingegen sprach (und spricht) man über diese Rechte besonders gern in der Bundesrepublik.

Über die anderen Menschenrechte schweigt die herrschende Klasse so vornehm, wie es die SED-Führung bei den bürgerlichen tat. Auch das liegt auf der Hand. Es gibt in der Bundesrepublik kein Recht oder gar einen Anspruch auf Arbeit, keine Garantie auf Gleichbehandlung und Gleichberechtigung, keine kostenlose medizinische Versorgung usw. Die Propaganda der DDR und die der Bundesrepublik gaben und geben nur die von den Herrschenden gewünschte Darstellung wieder. Kann man das eine gegen das andere Menschenrecht setzen?

Menschenrechte sind unteilbar.

Trotzdem ist die Frage zulässig: Ist es für eine x-beliebige Frau in Flensburg oder einen Mann in Mannheim oder eine

Familie in Frankfurt/Oder nicht existentiell wichtiger, mit eigener Arbeit den Lebensunterhalt bestreiten zu können, ein Dach über den Kopf und eine gesicherte Perspektive vor Augen zu haben? Wie wichtig ist es da, wenn dies nicht geklärt ist, zwischen Dutzenden Tageszeitungen, einem halben Hundert TV-Programmen und alle vier Jahre unter etlichen Parteien wählen zu dürfen – in dem festen Wissen, daß sich an den eigenen Lebensumständen dadurch wenig bis nichts ändern wird? Egal, wo man sein Kreuz macht.

Wer keine Arbeit hat, von Stütze lebt und als »menschlicher Schrott« gilt, sobald er die 40 überschritten hat, dem ist »die Freiheit« nur Phrase. Er kann sie sich nicht leisten.

Als die DDR 1990 unterging, stiegen Illusionen auf. Gysi schrieb damals in seinem Buch »Sturm aufs Große Haus« mit Blick auf jenes Land: »Die Menschen empfanden den politischen Alltag nicht als Möglichkeit, auf die Bewegung der Gesellschaft einzuwirken, über den eigenen Dunstkreis hinaus Aktivität zu entfalten, sich einzubringen. Weit verbreitet ist das Gefühl, regiert zu werden und nicht wirklich selbst regieren zu können.«

Hat sich daran inzwischen etwas geändert?

Geändert hat sich sehr viel. Es gibt mehr Straßen, schnellere Autos, mehr Eigenheime, Supermärkte, an jeder Ecke eine Apotheke und ein Reisebüro, mehr Bürokratie und Bürokraten, mehr Anwälte und Steuerberater.

Die Ostdeutschen wissen durchaus, was sie gewonnen haben.

Sie haben aber auch noch nicht ganz vergessen, was sie verloren haben. Und die Frage liegt auf dem Tisch, ob der gezahlte Preis angemessen oder zu hoch war.

Nicht, daß sie ihre DDR wiederhaben wollten. Das Rad der Geschichte, das lehrte man an sozialistischen Schulen, läßt sich nun mal nicht zurückdrehen.

Wir erlauben uns, die Gewinne der Menschen mit ihren Verlusten zu vergleichen. Das ist hilfreich, um eventuell das, was man besser hätte behalten und nicht wegwerfen sollen, wieder zurückzuholen, zu reaktivieren.

Nach der Niederlage des europäischen Sozialismus sieht der Kapitalismus wieder so alt aus, wie er in Wahrheit ist. Und auch so brutal und grausam, wie er im 19. Jahrhundert war. Vor der Einführung der Sozialgesetze durch Bismarck. Vor der revolutionären Sozialdemokratie. Er ist wieder ganz der alte, der ungebremste Turbo- und Manchesterkapitalismus.

Parteien und Gewerkschaften leiden seit Jahren an Mitgliederschwund: Das ist einerseits die Folge dieser gesellschaftlichen Prozesse und andererseits Hinweis darauf, daß Parteien und Gewerkschaften noch immer keine wirksamen Antworten gefunden haben, auf welche Weise darauf reagiert werden muß, um die Gesellschaft als soziales Gemeinwesen zu erhalten.

Statt dessen beteiligen sie sich an deren Zerstörung und forcieren sie. Die *Frankfurter Allgemeine Zeitung* – sonst eigentlich immer ein wenig klüger – jubelte am 21. Dezember 2003 in selbstzerstörerischer Kurzsichtigkeit: »Die Mauern des Sozialstaats können nur seine Wächter einreißen, von innen. Das ist eine Aufgabe, die den regierenden Linksparteien durch die Zeitläufte zugewiesen worden ist. Zugute halten muß man Roten wie Grünen, daß sie diese Aufgabe erkannt und angenommen haben.«

Sozialdemokratische Führer und ihre Bundesgenossen verhindern, nicht zum ersten Male in der Geschichte, vernünftige gesellschaftliche Alternativen. Sie besorgen die Drecksarbeit für andere, denn einer muß ja schließlich immer der Bluthund sein.

Nicht der Sozialstaat ist das Problem, sondern – und das ist nicht neu – wie gesellschaftlich Reichtum erwirtschaftet *und* wie er verteilt werden kann.

Die Regierenden und Opponierenden scheinen sich mehrheitlich nur auf die Verteilung zu konzentrieren. Das sieht dann so aus, wie es eben augenblicklich vonstatten geht.

Der Prozeß des radikalen Sozialabbaus, der hierzulande beschönigend »Umbau« genannt wird, erhielt einen Namen: Agenda 2010.

Agenda heißt eigentlich Schreibtafel oder Merkbuch.

Muß man mehr dazu sagen?

Kanzler Schröder hat mit seiner Regierungserklärung am 14. März 2003 zur »Agenda 2010« eine breite Debatte ausgelöst.

Motto: »Deutschland bewegt sich!« – Wohin?

Das seither am häufigsten verwandte Wort heißt »Reform«. Seit Luther war der Begriff positiv besetzt. Er schlug 1517 seine 95 Thesen an die Tür der Schloßkirche zu Wittenberg und veränderte damit die von der Papstkirche beherrschte Welt. Der »Reformator« beerdigte das Mittelalter und öffnete das Tor in die Neuzeit. Er lieferte die Initialzündung, weil er die sich vollziehenden Entwicklungen wahrgenommen hatte. Es war jene Zeit, die Riesen an Denkkraft brauchte und auch solche Geistesriesen hervorbrachte, wie Friedrich Engels bemerkte.

Die Bundesrepublik, seit 1990 durch 108.000 Quadratkilometer und 16 Millionen Menschen vergrößert, ist im Kern heute noch die gleiche wie zum Zeitpunkt ihrer Gründung. In ihrem Selbstverständnis ist sie unerschüttert, ihr konstitutives Mobiliar wurde nicht erneuert. Das wurde zuweilen durchaus von einzelnen Politikern erkannt – doch das Beharrungsvermögen des Beamtenstaates war stärker. Die Kohl-Regierung endete nach 16 Jahren im »Reformstau«. Das Versprechen, ihn aufzulösen, führte 1998 zum Regierungswechsel. Doch schon die Ankündigung, *nicht alles anders, aber vieles besser* machen zu wollen, hätte uns stutzig machen müssen. Das war nur eine Modifikation von Kohls »Weiter so, Deutschland!«

Inzwischen gilt bereits jede Preiserhöhung als »Reform«.

Der ursprünglich positive Begriff ist durch seinen inflationären wie auch fälschlichen Gebrauch hinlänglich entwertet.

Wir sollten die Bundesregierung beim Wort nehmen und das, was sie mit der »Agenda 2010« anstrebt, ins Verhältnis setzen zu dem, was einmal war. In der DDR zum Beispiel.

Wir fragen: Wie muß ein Gemeinwesen organisiert werden, wie muß es produzieren und den erwirtschafteten Reichtum verteilen, damit alle in diesem Lande zufrieden und glücklich ihren Erdenkreis ziehen können?

In einer produzierenden, modernen Gesellschaft geht es darum, die vielfältigen wertschöpfenden und kreativen Kräfte des Landes so zu motivieren, daß diese im eigenen und im Interesse der Gemeinschaft einen möglichst großen gesellschaftlichen Reichtum schaffen, der es gestattet, die persönlichen wie die gesellschaftlichen Bedürfnisse zu befriedigen. Das Augenmerk muß sich also sowohl auf die Wertschöpfung als auch auf die Verteilung richten. Eine Gesellschaft, die sich entweder nur auf die Verteilung oder nur auf die Profitmaximierung orientiert, wird objektiv scheitern. Ökonomische Gesetze wirken nun mal wie Naturgesetze: objektiv. Sie setzen sich durch, ob es uns paßt oder nicht. Der Realsozialismus ist daran gescheitert, daß er sie nicht auszuschöpfen vermochte. Lenin behielt Recht mit seiner These, daß in letzter Konsequenz die Arbeitsproduktivität über Sieg oder Niederlage entscheiden würde.

Die von uns vorgelegte Arbeit ist ein Pamphlet, eine Streitschrift. Wir streiten mit den Verfassern der »Agenda 2010« darum, ob damit Deutschland zum Besseren oder zum Schlechteren verändert werden kann, ob eine Mehrheit oder nur Minderheit davon profitiert.

Dazu brauchen wir Maßstäbe.

Die holten wir aus der DDR. Es werden hier nicht Fragen der Grundlagen ihres gesellschaftlichen Systems diskutiert, sondern konkrete Regelungen der DDR im sozialen Bereich betrachtet, die es so in der BRD nicht gibt, obwohl sie ein Minimum an sozialen Standards darstellen. Aus diesem Grund werden Gestaltungsmerkmale der sozialen Struktur der DDR wenn nicht als Vorbild, so doch als Vergleich genommen für die völlig unzureichenden Inhalte der »Agenda 2010«.

Wir stellen die klassische Frage: »Cui bono?« Wem nützen die Vorschläge der »Agenda«? Wer hat etwas von den angestrebten Veränderungen, und wer verliert dabei? Die Beantwortung dieser Fragen klärt nämlich auch, *wer* die Korrekturen am »Sozialstaat« will.

Die Bundesregierung postulierte, daß sie mit der »Agenda 2010« die wirtschaftliche Dynamik in Deutschland kurz- und mittelfristig stärken, Arbeitsplätze schaffen und die Sozialsysteme modernisieren wolle, um sie langfristig zu sichern.

Wir versuchen nachzuweisen, wo Ausgaben gespart werden können, ohne daß jemand in Existenznöte gerät. Wir gliedern unsere »Agenda 2010« anders als die Bundesregierung, weil wir andere Prioritäten setzen. Wir stellen den Vorschlägen der Bundesregierung und den ihnen innewohnenden Risiken und Nebenwirkungen unsere Vorschläge gegenüber.

Nach einer Umfrage des Instituts für Demoskopie Allensbach sind die Bundesbürger so reformbereit wie nie zuvor. Sie wissen: So wie bisher kann und wird es nicht weitergehen.

Die meisten sehen jedoch keine ernsthafte Alternative zu den »Reformvorschlägen« der rot-grünen Regierung. Noch immer hält eine Mehrheit Bundeskanzler Gerhard Schröder und dessen Regierung für den »Reformmotor Nummer 1«. Die Gewerkschaften und die Lobby-Verbände gelten als größte Bremser.

Die Antwort der bürgerlichen Opposition auf die »Agenda 2010« ist zwar lautstark, aber inhaltsleer. Sie ruft regelmäßig nach Neuwahlen, läßt aber die Bürgerinnen und Bürger im Ungewissen, wen sie wofür wählen sollten. Müßte die Opposition, um glaubwürdig zu sein, nicht eine andere Agenda anbieten?

Wir sind nicht bürgerliche Opposition.

Wir haben aber eine Meinung und viele Fakten.

Agenda 2010

Fünf Tage vor Weihnachten 2003 beschloß nach einer langwierigen Pokerrunde zwischen Regierungsparteien und Opposition eine große Koalition im Bundestag »eines der größten Reformpakete der Nachkriegszeit« (*Der Tagesspiegel*). Die Gesetzesänderungen und Neufassungen fußten zu großen Teilen auf einem Papier, das der SPD-Vorsitzende und Kanzler Gerhard Schröder ein Dreivierteljahr zuvor als »Agenda 2010« öffentlich gemacht hatte.

Die Reaktion in den Medien fiel so aus, wie man es erwarten konnte. Die Sprachrohre der Besserverdienenden lobten. Die (wenigen) linken Blätter kritisierten – entweder moderat wie befürchtet (»Sozialabbau wurde Gesetz«, *Neues Deutschland*) oder wie erhofft (»Soziale Barbarei«, *junge Welt*). Der radikaldemokratische parteiunabhängige Jugendverband »JungdemokratInnen/Junge Linke« konterkarierte auf seiner Internetseite (*www.agenda2010.net*) mit den gleichen Mitteln, die die Homepage der Regierung verwandte, deren gleichermaßen beschönigende wie demagogische Darstellung. Unter *www.REGIERUNGonlineAgenda2010.de* waren seit dem 19. Dezember 2003 zu lesen und entsprechende Links anzuklicken:

»Und Deutschland bewegt sich doch: Mit der ›Agenda 2010‹ hat Bundeskanzler Gerhard Schröder am 14. März 2003 ein umfassendes Programm zur Reform des Arbeitsmarktes, zum Umbau der Sozialsysteme und für wirtschaftliches Wachstum vorgelegt. Bundestag und Bundesrat haben diese Reformen am 19. Dezember beschlossen. [...]

Ziel der ›Agenda 2010‹ ist es, die wirtschaftliche Dynamik in Deutschland kurz- und mittelfristig zu stärken, Arbeitsplätze zu schaffen und die Sozialsysteme zu modernisieren, um sie langfristig zu sichern und die Lohnnebenkosten zu senken.

Die Steuern sinken
– Steuerreform
– Mehr Geld für die Kommunen
Chancen geben
– Offensive für mehr Ausbildungsplätze
Mehr Jobs
– Ein modernes Handwerksrecht

– Die neue Regelung für Minijobs
– Das neue Kündigungsschutzrecht
– Der Staat muß einfacher werden
– Kommunale Infrastruktur verbessern, Wohnraum modernisieren
– ›pro Mittelstand‹
– Arbeitsmarktpolitik für strukturschwache Regionen
Familie und Beruf
– Reformen zum Vorteil für Familien
Später eine Rente
– Renten nachhaltig sichern
Bildung fördern
– Bildung fördern
Wieder Arbeit
– Die ›Ich-AGs‹ und das Programm ›Kapital für Arbeit‹
– Die neuen Regelungen für Arbeitslose: Fördern und Fordern
– Das ›Neue Arbeitsamt‹
Gesundheit
– Ein leistungsfähiges Gesundheitssystem erhalten
Weitere gesetzliche Neuregelungen
– Weitere Gesetzesänderungen zum 1. Januar 2004«

Bis Weihnachten rief das Internet, wenn man die Suchmaschine *Google* anwarf, 578.000 Einträge zum Stichwort »Agenda 2010« auf. Die Häufigkeit sprach für die öffentliche Diskussion, sagte aber nichts über den Charakter des Inhalts, der sich dann unter dem Eintrag fand.

Nun verbirgt sich hinter »Agenda 2010« eine politische Angelegenheit, »eine Kriegserklärung an die Lohnabhängigen und ihre Organisationen, purer Klassenkampf von oben«, wie Arnold Schölzel, Chefredakteur der *jungen Welt*, in seinem Kommentar am Tage nach den Beschlüssen von Bundestag und Bundesrat befand. Mit der »Agenda 2010« und den nunmehr beschlossenen Gesetzen werde »der Weg in Armutsverhältnisse eröffnet, die in weiten Teilen des Landes mehr oder weniger versteckt längst existieren, nun aber offen akzeptierte Grundlage der Gesellschaft werden sollen. Der Satz ›Weil du arm bist, mußt du früher sterben‹, der für den Kapitalismus auch in seiner rheinischen Fassung nie seine Gültigkeit verlor, wird nun zur erklärten Maxime.

Es ist keine Übertreibung, keine Zuspitzung, sondern nüchterne Feststellung: Die Herren und Damen, die im klimatisierten Reichstag vor allem darüber disputierten, ob der Kanzler eine eigene Mehrheit hatte oder nicht, die ihre Diäten, Doppelgehälter und Pensionen stets fest im Blick haben, haben Menschenvernichtung beschlossen – so wie sie es zuvor 17mal bei Beschlüssen über deutsche Militäreinsätze taten. Diese 97 oder 98 Prozent der Abgeordneten, die für die Einführung von Zwang zu Dreckarbeit, Armut, Krankheit und Tod für demnächst sehr viele Menschen stimmten, wissen sehr genau, was sie anrichten.

Wer mit Gesetzen zur Beförderung der Armut zugleich die größte Amnestie für Steuerhinterziehung in der Geschichte der Bundesrepublik beschließt, ist sich sehr bewußt, von wem er abhängig ist. Der Satz ›Die Sozialhilfe muß gekürzt werden, damit der Spitzensteuersatz gesenkt werden kann‹ von ver.di-Chef Bsirske gehört zu den einprägsamen dieses Jahres – allerdings ohne Konsequenzen auf Seiten der Gewerkschaften.

So falsch es wäre, die Verantwortung für das Zertreten der Interessen der Bevölkerungsmehrheit allein im Parlament zu suchen, so falsch wäre es auch, das Resultat von Freitag nur den höheren Konzernetagen anzulasten. Selten war zu beobachten, daß eine Gewerkschaftsbewegung jede, tatsächlich jede Widerstandsposition vom Kündigungsschutz über Lehrstellenauflage bis zur Tariföffnung so kampflos geräumt hat wie der DGB in diesem Jahr. Er dürfte sich damit einen Bärendienst geleistet haben. Mit den neuen Verhältnissen in der Bundesrepublik wird es über kurz oder lang zu Auseinandersetzungen kommen, die dieses Land bisher nicht gekannt hat.«

Soweit der zornbebende Schölzel. Weniger zornig, dafür reichlich geschichtspessimistisch Hans-Dieter Schütt in der »sozialistischen Tageszeitung« *Neues Deutschland*: »Der moderne Streit gesellschaftlicher Antipoden ist beim näheren Hinsehen das Ritual eines geschlossenen Systems. In dem einer vom anderen abhängig wurde. Erkenne dich immer auch in deinem politischen Gegenteil. Der neue Ein-Klassen-Kampf?«[1]

Obgleich dem Himmel doch ein wenig näher, sah das selbst ein Gottesmann etwas irdischer. Wir dürfen zusehen »bei einem Wettrennen zwischen den großen Parteien, wer der beste ist im Sozialabbau«, meinte Edelbert Richter am 20. Dezember im *Neuen Deutschland*. Der 60jährige Theologe aus Weimar saß bis 2002 für die SPD im Bundestag und ist nun bei *attac*. Wenn es, wie Kanzler Schröder behauptet, zu dieser Politik keine Alternative gebe, dann stelle sich die Frage, so Richter, weshalb man überhaupt noch wählen müsse. »Wie es die Ironie der Geschichte so will, sind wir also wieder dort angekommen, von wo wir 1989 gerade weg wollten. Die Nationale Front ist wieder da, nur unter anderem Namen.[…]

Denn es war mir damals ein wichtiges Anliegen, daß endlich Gewaltenteilung durchgesetzt wurde. Ich habe dann allerdings lernen müssen, daß es die klassische Teilung zwischen Legislative und Exekutive in der Bundesrepublik gar nicht gibt, obwohl sie das Grundgesetz fordert. An ihre Stelle sei aber, wie Staatsrechtler meinen, der Gegensatz zwischen Regierungsmehrheit und Opposition getreten. Machtmißbrauch werde durch die Opposition als Gegenmacht verhindert.

Was ist aber, wenn diese Gegenmacht kaum noch vorhanden ist?

Dann kann gelogen werden, daß sich die Balken biegen, ohne daß das Empörung hervorruft.

Zum Beispiel: Die Sozialhilfe werde in großem Umfang mißbraucht.

Tatsächlich macht nur etwa die Hälfte der Sozialhilfeberechtigten ihre Ansprüche überhaupt geltend.

Oder: Die Sozialausgaben des Staates seien ständig gestiegen. Eine Lüge! Sie sind im Verhältnis zum Bruttoinlandsprodukt seit 1996 sogar zurückgegangen.

Dann darf man auch falsche Versprechungen machen, ohne daß sich jemand groß aufregt. Zum Beispiel vor den Wahlen 1998: Verdoppelung der Investitionen in Bildung und Forschung in fünf Jahren. Die fünf Jahre sind jetzt abgelaufen.

Man darf sich auch Widersprüche leisten, ohne daß das jemand merkt. Zum Beispiel brauchen wir angeblich die Agenda, um die gefährdete internationale Wettbewerbsfähigkeit unserer Wirtschaft zu stärken. Aber haben wir nicht im letzten Jahr einen Exportüberschuß von 127 Milliarden Euro erzielt, und werden wir 2003 nicht sogar Exportweltmeister?

Wir brauchen uns über diesen ganzen Schwindel gar nicht mehr zu wundern, wenn keine wirksame Kontrolle der Macht mehr existiert.«

In einem irrt der Pfarrer. Nicht *wir* haben einen Exportüberschuß erzielt, nicht *wir* wurden 2003 Exportweltmeister, sondern die Unternehmen. Und vor deren Mauern hört die Macht der Bundesregierung auf. Deshalb wird auch nach *unten* regiert, das heißt, nach *unten* Macht ausgeübt.

Auch andere Radikaldemokraten sind der Auffassung, daß die soziale Frage unmittelbar mit der Machtfrage verknüpft ist. »In unserer Gesellschaft ist vor allem das Eigentum an bzw. die Verfügungsgewalt über Produktionsmittel (Fabriken, Grundbesitz, Banken usw.) entscheidend dafür, wer Macht hat und damit die Freiheit besitzt, die Freiheit anderer einzuschränken. Gesellschaftlicher Reichtum wird von der Masse der Bevölkerung erwirtschaftet, über dessen Verwendung entscheidet jedoch eine winzige Minderheit in den Vorstandsetagen der Unternehmen.

Zwar haben in der Bundesrepublik Tarif- und Sozialpolitik eine breitere Verteilung von Wohlstandsgütern in der Bevölkerung ermöglicht – Fortschritte zu einer demokratischen Wirtschaftsweise sind jedoch ausgeblieben«, erklären die JungdemokratInnen/Junge Linke auf ihrer Internetseite. Die parteiunabhängige Jugendorganisation entstand 1919 im Schatten der Deutschen Demokratischen Partei (DDP), der Partei des sozialliberalen Bürgertums in der Weimarer Republik, die zusammen mit der sozialistischen und der katholischen Arbeiterbewegung die erste deutsche Republik trug. Sie behauptete sich durch die Jahrzehnte und fand Verstärkung durch den 1989 in der DDR entstandenen marxistischen Jugendverband »Junge Linke«. Sie schreiben weiter:

»Unter den Bedingungen fortschreitender Konzentration wirtschaftlicher und finanzieller Macht entsteht die Situation, daß Wirtschaftskreise die Entscheidungen fällen, deren Folgen als ›Sachzwänge‹ die Handlungsspielräume der Politik bestimmen. Darüber hinaus nehmen Vertreter des Kapitals direkt Einfluß auf politische Entscheidungsprozesse. An diesen sind jeweils die verschiedenen bürokratischen Eliten aus Verwaltung und Parteien, Vertreter von Kapitalfraktionen und von Interessengruppen beteiligt. Diese nichtöffentlichen Verhandlungsprozesse zwischen den verschiedenen Apparaten und Gruppen haben sich als effektive Methode erwiesen, den jeweils stärksten Einzelinteressen zur Durchsetzung zu verhelfen, ohne zugleich das Gesamtinteresse des Kapitals aus den Augen zu verlieren.

Die parlamentarischen Gremien können nur in dem so abgesteckten Rahmen entscheiden, dessen Grenzen ihnen von anderer Seite vorgegeben werden. Den Parlamenten kommt vor allem die Funktion zu, der betroffenen Bevölkerung das bereits Entschiedene zu vermitteln und als demokratisch legitimiert erscheinen zu lassen. Dafür werden über nebensächliche Fragen ›scharfe

Kontroversen‹ geführt, die eine demokratische Entscheidungsfindung vortäuschen. Unter den gegenwärtigen Bedingungen ist das Parlament nicht ›Volksvertretung‹, sondern Transmissionsriemen von Herrschaftsinteressen.

Derzeit kann sich keine Parlamentsmehrheit und keine Regierung konsequent gegen die Herrschaft des Kapitals wenden.

Solange jedoch eine Regierung gezwungen ist, den Bezugsrahmen des kapitalistischen Systems anzuerkennen, so lange ist sie gezwungen, eine Politik gegen die Interessen der Mehrheit der Bevölkerung zu machen.«

Einmal dahingestellt, ob hier nicht radikaldemokratisch übers Ziel hinausgeschossen wurde, so ist es dennoch erfrischend zu sehen, daß es in unserer Gesellschaft politisch Engagierte und Organisierte gibt, die die Systemfrage stellen.

Vielleicht trifft es ja zu, daß solche Positionen marginal und nicht mehrheitsfähig sind. Gleichwohl gehört es zum demokratischen Grundverständnis, daß Meinungsbildung im Widerstreit divergierender Standpunkte zu erfolgen hat. Das Ausblenden bestimmter Positionen ist nicht nur undemokratisch. Es delegimiert das System, in dem dies stattfindet. Schröders ultimatives »Basta!« und die fortgesetzte Erpressung seiner Partei mit Rücktritt zerstört die Demokratie mindestens ebenso wie seine »Reformpolitik«. Der SPD-Kanzler Schröder hat – offenkundig unbemerkt – diese Republik inzwischen weitaus mehr verändert als alle seine Vorgänger.

Er hat mit der »Agenda 2010« die Axt an die Wurzel des Sozialstaates gelegt.

Was brachte die DDR ein – was verlor der Osten?

Auch wenn die materielle Bilanz der DDR kausal nichts mit den derzeitigen Strukturproblemen der Bundesrepublik zu tun hat, gibt es jedoch Zusammenhänge. Sie sollen darum auch benannt sein.

Die Auflistung[2] ist allein schon deshalb notwendig, weil die Festlegung des Einigungsvertrages (Staatsvertrag II), eine Vermögensbilanz der DDR zum Zeitpunkt ihres Beitrittes zu erarbeiten, bis heute nicht erfüllt worden ist.

Grundmittelbestand der produzierenden Bereiche der DDR-Volkswirtschaft einschließlich Grund und Boden:
1.000 Milliarden DM (511 Milliarden Euro)
Produktivvermögen (Kapitalstock):
450 Milliarden DM (230 Milliarden Euro
Immobilien sowie Grund und Boden der Land- und Forstwirtschaft: 20 Milliarden DM (10 Milliarden Euro)
Verwaltungs- und Finanzvermögen:
180 Milliarden DM (92 Milliarden Euro)
Auslandsvermögen: 1 Milliarde DM (511 Millionen Euro)
Vermögen der Nationalen Volksarmee
750 Milliarden DM (383 Milliarden Euro)
Sparguthaben der Bürger:
110 Milliarden DM (56 Milliarden Euro).

Dieses Vermögen haben die Bürger der DDR in vier Jahrzehnten hart erarbeitet. Zugleich zahlten sie gemäß dem Potsdamer Abkommen Reparationen an Polen und die Sowjetunion in Höhe von umgerechnet 372 Milliarden Euro.[3]

Und sie zahlten für die Westzonen bzw. die Bundesrepublik mit, als diese im Kalten Krieg ihre Zahlungen und Lieferungen an die UdSSR verweigerten.

Unberücksichtig in dieser Bilanz sind die Vermögen der Parteien und Massenorganisationen, darunter der Gewerkschaften. Es gibt nur vage Angaben darüber, daß Beträge in Milliardenhöhe aus den Fonds der großen Industriegewerkschaften Bergbau, Chemie, Energie und Metall für »sozial verträgliche« Entlassungen aus Chemie-, Metallindustrie und aus Treuhandunternehmen eingesetzt worden sein sollen.

Das Vermögen der DDR existierte zumeist als Volks- und als genossenschaftliches Eigentum und sollte – auch nach dem Willen einiger westdeutscher Politiker – urspünglich anteilig an die Bürger der neuen Bundesländer ausgezahlt werden. Das ist nicht erfolgt.

Es wurde statt dessen enteignet und abgewertet.

Was steht auf der Gegenseite?

– In fünf Jahren wurden 3 Millionen Arbeitsplätze vernichtet[4],
– 30 Prozent der Industriebetriebe liquidiert,
– das Bruttoinlandsprodukt auf 82 Prozent (von 1989) reduziert,
– das Wissenschaftspotential um mindestens 60 Prozent ausgedünnt[5],
– die Industrieproduktion um 40 Prozent[6] zurückgefahren,
– über 30 Prozent der Erwerbsfähigen in die Arbeitslosigkeit geschickt,
– das durchschnittliche Bruttovermögen ostdeutscher Haushalte geschrumpft – es beträgt etwa 40 Prozent eines durchschnittlichen westdeutschen Haushalts, sowie
– eine relative Entwertung der ostdeutschen Arbeitskraft vorgenommen: das durchschnittliche Nettoeinkommen eines Ostdeutschen liegt bei etwa zwei Dritteln des Westniveaus.

Nach Einschätzung der EU zählen die ostdeutschen Bundesländer zu den ärmsten Regionen Europas. Und zwar deshalb, weil das Pro-Kopf-Einkommen lediglich rund 65 Prozent des westdeutschen Durchschnitts beträgt.

Vor dem Hintergrund dieser für die »Ehemaligen« äußerst ungünstigen Bilanz meinen wir, daß der Bundeshaushalt und die Steuergesetzgebung dahingehend zu reformieren sind, daß insbesondere den neuen Bundesländern und ihren Bürgerinnen und Bürgern keine weiteren zusätzlichen Lasten auferlegt werden.

Außerdem scheint es gerechtfertigt, das vereinnahmte DDR-Vermögen als Anleihe für den Westen Deutschlands zu werten. Es sollte zuzüglich der Zinsen seit 1990 anteilig an die DDR-Bürgerinnen und -Bürger ausgezahlt werden. Wir nehmen nicht den Zinssatz des Internationalen Währungsfonds. Uns reichen Zinsen von 5 Prozent über dem Basiszinssatz.

An dieser Stelle kommt der Einwurf: Aber was ist mit den Transferleistungen? Die alten Bundesländer zahlen doch unablässig für den »Aufschwung Ost«. Sie finanzierten alles – von der Infrastruktur bis hin zum Arbeitslosengeld über die Bundesanstalt für Arbeit.

Die mit der Berechnung der Transferzahlen befaßten wissenschaftlichen Institute bezifferten 1995 den Geldtransfer von West- nach Ostdeutschland auf mindestens 100 Milliarden Euro[7].

Sie bezogen in diese Summe auch die üblichen Zahlungen ein, die an *alle* Bundesländer im Rahmen des Steuer- und Finanzausgleichs gehen, sowie den normalen Finanztransfer der Sozialversicherung (Arbeitslosen- und Rentenversicherung). Wie zum Hohn wird auch gleich noch der Ausgleich des Defizits der Treuhandanstalt in diesem Zusammenhang genannt.

Die öffentliche Meinung – die ja bekanntlich der veröffentlichten folgt – vermochte es, den Westdeutschen zu suggerieren, sie allein finanzierten die deutsche Einheit. Das ist eine der großen Lebenslügen der vereinten Bundesrepublik.

Ferner: Wegen der Entindustrialisierung wurde Ostdeutschland zu einer »Konsumgesellschaft«. Es ist ein Markt ohne eigene nennenswerte Wirtschaft mit genügend Arbeitsplätzen.

Die Lieferungen aus den alten in die neuen Bundesländer stiegen 1990 bei Erzeugnissen der Land-, Forst- und Fischereiwirtschaft um das Zehnfache, bei Straßenfahrzeugen um das Anderthalbfache, bei technischen Verbrauchsgütern um das Doppelte, bei Nahrungs- und Genußmitteln um das Siebenfache[8].

Aus diesem enormen Anstieg des Waren- und Gütertransfers resultiert ein erheblicher Teil der Gewinne, die die westdeutsche Industrie aus dem Beitritt der DDR zur BRD erzielte. Das Geld, das aus dem Westen als Transfer in den Osten floß, strömte also gleich wieder dorthin zurück.

Die mit dem Prinzip »Waren hin – Geld zurück« eingeleiteten Prozesse führten in letzter Konsequenz dazu, daß inzwischen in Deutschland 7 Millionen Menschen unterhalb der Armutsgrenze leben, daß es aber gleichzeitig über 25.000 Einkommens-Millionäre und eine Million Vermögens-Millionäre gibt.[9]

Diese enormen Einkommens- und Vermögensunterschiede in Deutschland werden von westdeutschen Ökonomen als Triebkraft der gesellschaftlichen Entwicklung angesehen. Daraus entstünde die Energie, die die Gesellschaft in Bewegung halte und vorantreibe.

Bundeskanzler Schröder erklärte am 14. März 2003 – wohl wissend, daß die soziale Ungerechtigkeit im Osten durchaus hausgemacht ist: »Einfach die aktive Arbeitsmarktpolitik, vor allem in den ostdeutschen Bundesländern, zurückzufahren, noch bevor die neuen Strukturen aufgebaut sind, das kann nicht unsere Lösung sein. Und das werden wir auch nicht tun. Deshalb wird es in Ostdeutschland auch in Zukunft noch einen zweiten Arbeitsmarkt geben müssen. Das gilt auch in anderen strukturell besonders benachteiligten Regionen.«

Das war der übliche Trost, den sozialdemokratische Funktionsträger nach der Methode »Wir haben verstanden« zu spenden verstehen. Und flugs wurde das Problem ins neue »Reformwerk« aufgenommen.

Es geht aber nicht um einen »zweiten Arbeitsmarkt«, der Alte, Schwache und Unausgebildete auffängt, sondern um Herstellung von akzeptablen Lebensbedingungen (zu denen natürlich eine anständige Arbeit gehört). Die Fluktuation aus dem Osten – seit 1990 rund 820.000 Menschen – kann nicht mit einer normalen Landflucht erklärt werden, die es auch in westdeutschen Regionen gibt. Es gehen, wie jüngste Untersuchungen bestätigen, die jungen und gut ausgebildeten Leute. Sie verlassen nicht die Dörfer, sondern die Städte. Das hier sind die Spitzenreiter beim Einwohnerschwund:

Leipzig und Umland: minus 35 Prozent
Hoyerswerda: minus 21,9 Prozent
Schwerin: minus 19,6 Prozent
Halle: minus 18,2 Prozent

■ Was sieht die »Agenda 2010« zu diesem Thema vor?

– Strukturschwache Regionen mit hoher Arbeitslosigkeit benötigen öffentlich geförderte Beschäftigung und Ausbildung. Deshalb hat das Bundeskabinett am 2. Juli 2003 das Sonderprogramm »Arbeit für Langzeitarbeitslose« beschlossen. Der Schwerpunkt des Programms liegt in strukturschwachen Regionen und damit vornehmlich in den neuen Bundesländern.

Es soll vom 1. September 2003 bis zum 31. August 2005 laufen und 100.000 Langzeitarbeitlose über 25 Jahren fördern. Das betrifft 60.000 Langzeitarbeitslose, die Arbeitslosenhilfe und eventuell ergänzende Sozialhilfe beziehen, sowie 40.000 Sozial-

hilfeempfänger, die seit mindestens 6 Monaten arbeitslos sind.
– Das Programm enthält auch mittelbare finanzielle Anreize. Werden die Angebote von den Sozialhilfeempfängern in Anspruch genommen, verringert sich die Hilfe zum Lebensunterhalt entsprechend dem Entgelt und entlastet dadurch die Kommunen.
– Darüber hinaus bietet das Programm den Kommunen und insbesondere den kommunalen Beschäftigungsträgern einen finanziellen Anreiz, um Arbeit und auch Qualifizierung für junge Sozialhilfeempfänger anzubieten.
– Das Programm schließt sich an das am 28. Mai 2003 verabschiedete Sonderprogramm »Jump Plus« an: ein Programm zur Bekämpfung von Jugendarbeitslosigkeit. Die Bundesregierung hofft, damit 100.000 junge Leute zwischen 15 und 25 Jahren in Arbeit oder Qualifizierung zu bringen.
– Seit 1999 existierte bereits das Sofortprogramm »Jump«, das das gleiche Ziel verfolgte und großen Erfolg hatte.

Risiken und Nebenwirkungen
– Die Maßnahmen der Bundesregierung sind eine schwache Abfindung. Wie groß die Wirkung sein wird, läßt sich ahnen, wenn man bedenkt, daß sie für die gesamte Bundesrepublik gelten. Die Betonung des Schwerpunktes Ostdeutschland besagt nichts. Wie diese Politik der Schwerpunkte und Chefsachen bisher gehandhabt wurde, war zur Genüge zu erfahren.
– Außerdem gibt es auch in den alten Bundesländern Regionen, deren Probleme und Schwächen denen in den neuen Bundesländern gleichen. Diese verdienen die gleiche Aufmerksamkeit wie Ostdeutschland.

☐ Wir schlagen vor

– Die Arbeitsfördermaßnahmen, vor allem die beschäftigungsschaffenden Infrastrukturmaßnahmen, sind nach wie vor erforderlich und müssen durch die neue Agentur für Arbeit gefördert werden. Das ist möglich, wenn die zusätzlichen Gewinne, welche die Wirtschaft und die Banken aus dem Beitritt der DDR zur BRD erzielt haben, dafür eingesetzt werden. Das sind circa 100 Milliarden Euro im Jahr.[10]
– Den Ostdeutschen sind die gleichen Löhne und Gehälter wie im Westen zu zahlen. Das Argument der geringeren Arbeitsproduktivität zieht nicht mehr. Seit Jahren gelten die gleichen

Rahmenbedingungen für die Ostdeutschen. Sie werden in der Regel von westdeutschen Managern, Beratern und Banken »betreut«. Sie leiden nicht mehr – wir verwenden die Sprache der politischen Klasse – an den Folgen der »Mißwirtschaft« der DDR, sondern an denen der »Musterwirtschaft« der Bundesrepublik Deutschland.

– Für den »Aufschwung Ost« werden Baubetriebe aus den ostdeutschen Bundesländern eingesetzt. Sollten die Kapazitäten nicht ausreichend sein, so werden diese entsprechend entwickelt.

– Die ostdeutschen Länder schaffen Rahmenbedingungen für den Aufbau regionaler Wirtschaftsstrukturen, damit arbeitsfähige Menschen in Ostdeutschland die Möglichkeit erhalten, ihr Einkommen mit eigener Arbeit zu verdienen. Dafür könnten die Mittel eingesetzt werden, die den Ostdeutschen aus der Festlegung des Einigungsvertrages (Staatsvertrag II) noch zustehen.

– Aufbau von Zulieferbetrieben in den industriellen Kernen der ostdeutschen Wirtschaft (zum Beispiel Region Jena, Bitterfeld, Dresden, Leuna).

– Ansiedlung von Forschungseinrichtungen und Zusammenarbeit mit regionaler Industrie (Mikroelektronik, Biotechnologie, Nanotechnologie und Allgemeine Werkstoffkunde. d. h. Zukunftsindustrien).

Effekte

– Jährlich werden mindestens 100 Milliarden Euro für »blühende Landschaften« aus den zusätzlichen Gewinnen zuzüglich der Zinsen in Höhe von 5 Prozent über dem Basiszinssatz eingesetzt.

– Die Wirtschaft in den ostdeutschen Bundesländern wird durch den Aufbau leistungsfähiger Betriebe gefördert.

– Die Angleichung der Löhne und Gehälter an das Westniveau erhöht die Kaufkraft in Ostdeutschland um mindestens 50 Milliarden Euro.

Abrüstung und Verteidigung

Alle Veränderungen kosten zunächst Geld. Einerseits laufen bestimmte Verbindlichkeiten weiter, selbst wenn man Verträge kündigt und Institutionen abschafft. Andererseits gibt es Eingangsinvestitionen, die sich erst mittel- oder langfristig bezahlt machen oder selber tragen.

Das provoziert Fragen: Wo läßt sich Geld einsparen, um es anderenorts anzulegen? Wo kann man einsparen, ohne daß dadurch die Existenz des Gemeinwesens nachhaltig gestört oder gar bedroht wird?

Naheliegend ist der sogenannte Verteidigungshaushalt.

Inzwischen scheint es Gemeingut, daß die BRD von ihren unmittelbaren Nachbarn militärisch nicht mehr bedroht wird. Folgerichtig erklärte Verteidigungsminister Struck, daß die Bundesrepublik »hinten am Hindukusch« verteidigt werden müsse.

Die Ausgaben für die Rüstung können und müssen zur Disposition gestellt werden. Unbeschadet der Tatsache, daß damit zunächst Arbeitsplätze (in der Bundeswehr und deren Umfeld, in der Industrie und der dazugehörigen Infrastruktur) wegfielen.

1989 zahlte der statistische Bundesbürger 446 Euro für seine »Verteidigung«[11].

Der DDR-Bürger wurde mit 240 Euro zur Kasse gebeten[12].

Orientierte man sich am Niveau der DDR, würden wir Ausgaben in Höhe von etwa 10 Milliarden Euro pro Jahr sparen können.

Der Einwand, dies sei eine Milchmädchenrechnung, gilt nur bedingt. Natürlich waren der Wehrsold in der DDR geringer und die Kosten für moderne Waffen (Anschaffung und Wartung) nicht so exorbitant hoch wie heute. Uns geht es um das Prinzip: In einer für die DDR und die BRD angespannteren militärischen Situation lagen die Verteidigungsausgaben auf einem erheblich niedrigeren Niveau als heute.

Es muß also nicht immer teurer, aufwendiger und gewaltiger werden als gehabt – sondern man kann und muß auch den Mut haben, die Entwicklung umzukehren.

Der Umbau der Rüstungsindustrie (Konversion) kann durchaus mit eingesparten Mitteln unterstützt werden. Es gibt ein weites Feld etwa im Bereich der Umwelt-, Solar- und Sicherheitstechnik, das ausgebaut und entwickelt werden sollte. Das schafft alternative Arbeitsplätze, dient dem Gemeinwohl und mindert die Kriegsgefahr.[13]

Für die Reduktion des Verteidigungsetats und damit der Produktion von Militärtechnik spricht auch, daß für die privaten Waffenexporte staatlich abgesicherte Kredite vergeben werden. Wir, die Steuerzahler, müssen dafür bürgen, daß Rüstungsfirmen keine Ausfälle erleiden, wenn ihre Kunden nicht zahlen. Das ist absurd.

Bekanntlich gehört die Bundesrepublik zu den größten Rüstungsexporteuren dieser Welt. Und die Waffen, die in alle Länder – mit Ausnahme sogenannter Krisenregionen, auch in die Dritte Welt – gehen, vergrößern den Schuldenberg und sorgen, selbst wenn sie nicht in militärischen Konflikten eingesetzt werden, dort für Not und Elend.

Es ist also auch eine moralische Frage, ob sich die Bundesrepublik weiter an diesen Kriegsprofiten bereichert oder aus dem Geschäft aussteigt. Die »Entschuldigung«, wenn wir es nicht machten, lieferten eben die anderen, kann so nicht hingenommen werden. Dieser Verweis ist heuchlerisch und bedeutet eine Kapitulation vor Verhältnissen, die man politisch vollmundig kritisiert.

Haben nicht gerade Politiker der Bundesrepublik, als in den 80er Jahren mit dem Bibelspruch »Schwerter zu Pflugscharen« gegen die DDR-Führung opponiert wurde, diese Friedensbewegung besonders unterstützt? Für die Grünen und etliche Sozialdemokraten waren doch gerade jene, die gegen die Verteidigungsdoktrin der DDR vorgingen, die eigentlichen Friedens- und Freiheitskämpfer.

Hat sich die Friedensbotschaft der Bibel etwa erledigt, weil sich die DDR erledigt hat?

■ Was sieht die »Agenda 2010« zu diesem Thema vor?

Nichts. Die Verteidigungsausgaben waren nicht Gegenstand.

Risiken und Nebenwirkungen

– Frieden schaffen mit immer weniger Waffen heißt in erster Linie Reduktion der Rüstungsproduktion und Schluß mit dem Export von Waffen und anderen Rüstungsgütern. Die Schließung von Bundeswehrstandorten reicht nicht aus.

☐ Wir schlagen vor

– Der Verteidigungsetat wird halbiert.

– Die Entwicklung und Produktion von Rüstungsgütern wird eingestellt, der Waffenhandel verboten und bestraft.

Effekte

– Die dadurch eingesparten 10 bis 15 Milliarden Euro werden für Maßnahmen zur Stabilisierung und Stärkung der Sozialsysteme ausgegeben.

Bürokratie und Beamtenstaat

Kein Staat kommt ohne innere Ordnung aus. Er braucht Regeln und Gesetze, die für alle gelten. Und er benötigt ebenso Einrichtungen, die diese durchsetzen und über ihr Einhaltung wachen. In der Umgangssprache ist das »der Staat«. Und die, die diese Regeln um- und durchsetzen, heißen »Staatsdiener«, also Beamte und Öffentlicher Dienst.

In der »Agenda 2010« heißt es: »Der Staat muß einfacher werden.«

Mithin: Die Bundesregierung hat endlich begriffen, was jeder einzelne von uns täglich zu spüren bekommt. Wir ersticken an der Verwaltung. Es gibt kaum noch einen Handgriff, für den es keine Vorschrift gibt. Alles ist geregelt und schriftlich fixiert. Das Leben ist »verregelt«. Nie zuvor wurden soviel Papier bedruckt und Forderungen nach Ausfüllen von Vordrucken erhoben wie heute. Birgit Walter beschrieb in der *Berliner Zeitung* im Dezember 2003 ziemlich treffend, was da namentlich im Osten passiert war:

»Der gemeine DDR-Bürger war darauf nicht vorbereitet. Ihm fehlte diese bürokratische Bildung. Der Ostler war mit seinem Girokonto, einem Sparkassenbuch (drei Prozent Einheitszinsen), einer Haftpflichtversicherung sowie einem Sozialversicherungsausweis durchs Leben spaziert, ohne einen trüben Gedanken an Steuern verschwendet zu haben. Das Wort *Mehrwertsteuer* kam in seinem aktiven Vokabelschatz nicht vor. Er besaß keine Lohnsteuerkarte, wußte keinesfalls, wie viel Steuern er zahlte, womöglich noch in Prozent, ja er kannte nicht einmal den Namen der Steuerbehörde. Die Abgaben errechneten die Kolleginnen im Gehaltsbüro, die dazu in einer Tabelle nachsahen (Angestellter, alleinstehend ohne Kind, 975 Mark monatliches Brutto: 187,90 Mark Steuern).

Wollte der Angestellte seine jährliche Steuerlast kennenlernen, mußte er die Summen auf seinen 12 Gehaltszetteln addieren. Aber wozu? Steuererklärungen mußten nur Freiberufler und Selbständige anfertigen, auch sie folgten einem sehr übersichtlichen System: Von jeder Mark Verdienst behielt der Staat ein Fünftel für sich, so daß vom Honorar nur 80 Prozent ausgezahlt wurden. Das DDR-Steuersystem war so aufgebaut, daß die Bürger Zeit hatten für die wirklich wichtigen Dinge des Lebens.«

Es verwundert also nicht, wenn manche Ostdeutsche die deutsche Einheit als riesige Arbeitsbeschaffungsmaßnahme für unterbeschäftigte westdeutsche Steuerberater und Juristen sehen.

Doch es kam ja nicht nur dieses unsägliche Steuersystem, unter dem auch die Westdeutschen inzwischen ächzen, über die DDR-Bürger.

Dieser Drang zur Reglementierung aller Bereiche wuchert seit 1990 fort. In keinem anderen Land der Welt ist beispielsweise das Steuerrecht so umfangreich (wegen der Ausnahmeregelungen) und damit so undurchsichtig wie in der Bundesrepublik. (Schlagzeile auf der ersten Seite des Berliner »Tagesspiegel« am 24. Dezember 2003: »Für jeden Steuerberater einen Steuerberater«)

Wer sich in diesem kapitalistischen Land selbständig machen will (oder muß), erfährt sehr rasch, wie hoch die Hürden und Hemmnisse der Bürokratie sind. Früher lief man von Pontius zu Pilatus. Heute ist die Zahl der anzusteuernden Beamten und Büros Legion.

Ein Irrglaube zu meinen, es sei hierzulande eine Lust, Unternehmer zu werden oder zu sein. Das Parteilehrjahr in der DDR unterschätzte die Allmacht der Bürokratie im Kapitalismus und dessen Neigung, das eigentlich tätige Element im Staate sein zu wollen.

Die Bundesregierung schätzt insofern völlig richtig ein, daß dieses Übermaß an Bürokratie unser aller Freiheit und die Möglichkeiten wirtschaftlicher und bürgerlicher Entfaltung beeinträchtigt, es geradezu lähmt. Deshalb müsse sie »dynamisch« abgebaut werden.

Vorrangiges Ziel dabei sei es, den Wirtschaftsstandort Deutschland für inländische und ausländische Investoren attraktiv zu machen.

Durch die Abschaffung von überflüssigen »Verwaltungspflichten« sollen alle entlastet werden. Das schaffe zusätzliche Lebensqualität und Zufriedenheit der Bürger. Zudem verbessere weniger Bürokratie das Dienstleistungsklima und das Image der öffentlichen Verwaltung im In- und Ausland.

Das klingt gut.

Wird es aber auch wirklich angestrebt?

Diese Republik leistet sich etwa 5.000.000 öffentlich Bedienstete, 1.850.000 Beamte sowie 170 Ministerien auf Landes- und Bundesebene. Es gibt rund 2.800 Parlamentarier (mit deren personellen Apparaten) in Brüssel, Berlin und in den Landeshauptstädten. Parteien gehören mit zu den großen Arbeitgebern des Landes.

Bei allem Verständnis für die Notwendigkeit parlamentarischer Vertretungen und der Sicherung hoheitlicher Aufgaben durch »Staatsdiener« sollte die Frage erlaubt sein, ob diese immensen Apparate objektiv erforderlich sind – oder ob ein Großteil der dort verbrauchten Energie nur der eigenen Legitimation dient. Weil ich ein Gesetz mache, bin ich, könnte man in Abwandlung des bekannten Spruches »Ich denke, also bin ich« meinen.

Statistisch gesehen kommt auf 16 Bundesbürger ein Staatsangestellter.

Zaghafte Vorstöße wie etwa der neuerliche Vorschlag des Brandenburger Ministerpräsidenten Matthias Platzeck im Dezember 2003, die Zahl der Bundesländer von 16 auf acht zu reduzieren, offenbaren Problembewußtsein auf der einen, provozieren massiven Widerstand auf der anderen Seite.

Reduzierte man die Zahl der Staatsangestellten aber nur um zehn Prozent, würde sich die »Versorgung« kaum bemerkbar verschlechtern. Es müßten sich 18 statt bisher 16 Bundesbürger einen Staatsbediensteten »teilen«. Das scheint verkraftbar.

Natürlich übersehen wir nicht, wie ungleich auch beim Personal die Verteilung ist. Wer jemals auf dem Sozialamt war oder einen neuen Ausweis brauchte, sah nicht nur überfüllte Wartezimmer, sondern auch unbesetzte Schreibtische und überforderte Angestellte. Auf der anderen Seite existiert aber auch unsäglicher, hochbezahlter Leerlauf.

Die Beamten und Bediensteten wachen über rund 5.000 Gesetze, 85.000 Einzelbestimmungen und 50.000 Normen. Sie (und Armeen von Vorgängern) haben sie erarbeitet. Nun sinnen sie fortgesetzt über ihre weitere Ausgestaltung, Ergänzung und Überarbeitung nach.

Sie zwingen etwa einen Mittelständler zu 187 Pflichtleistungen bei 42 verschiedenen Behörden und Dienststellen. Tendenz: steigend.

Im Dezember 2003 machte Bundestagspräsident Wolfgang Thierse einen geradezu sensationellen Vorschlag: Man solle jedes (neue) Gesetz mit einem Verfallsdatum ausstatten. Sei dieses erreicht, müsse man prüfen, ob das Gesetz sinnvoll und notwendig war, ob es sich also bewährt habe oder nicht. Falls die

Antwort negativ ausfalle, solle es ohne zusätzliches Procedere im Orkus verschwinden.

Wann aber verschwinden die noch immer gültigen Gesetze, die sich längst als hinderlich, unsinnig und überflüssig erwiesen haben?

Die Organisation des Staatsapparates und der Behörden ist nahezu ein Jahrhundert alt, das meiste wurde zur Kaiserzeit eingeführt – sieht man von einigen Modifikationen nach dem 2. Weltkrieg ab. Die Struktur orientiert sich nicht etwa an den Arbeitsaufgaben, sondern wird von Besetzungs- bzw. Ausstattungsnormativen geregelt. Also: wie viele Unterstellte werden einem bestimmten Verwaltungsdienstgrad zugeordnet, welche Größe muß dessen Büro haben, wie wird dieses ausgestattet? Vor allem aber: Wie hoch ist die Besoldung?

Das ausgeklügelte Beamtensystem wurde im vorigen Jahrhundert ausgebaut und derart perfektioniert, daß Außenstehende es kaum durchschauten. Was vielleicht auch Absicht war.

Sowohl Bundesrechnungshof als auch Bund der Steuerzahler kritisieren die solchen Apparaten naturgemäß innewohnende Ineffizienz und damit die dort wohnende Verschwendung in steter Regelmäßigkeit. Pro Jahr, so meinen sie, würden rund 30 Milliarden Euro Steuergelder zum Fenster hinausgeworfen.[14]

In der DDR betrugen die Ausgaben für den Staatshaushalt pro Einwohner und Jahr 141 Euro.[15]

Ein Bundesbürger zahlte damals bereits 6.708 Euro.[16]

Heute sind es fast 12.000 Euro je Steuerzahler.[17]

Übertrüge man DDR-Verhältnisse auf die Bundesrepublik, könnte man die Ausgaben der öffentlichen Haushalte, die ja zumeist Personalkosten sind, um etwa 90 Prozent reduzieren bzw. anderweitig nutzen.

Es gibt zu denken, daß sich die Ausgaben der öffentlichen Haushalte von 1990 bis 2000 fast verdoppelten – obgleich der Bevölkerungszuwachs nur etwa 16 Millionen Menschen betrug. Dem Plus an 17 Prozent Bevölkerung steht also ein Plus an Ausgaben von 100 Prozent gegenüber.

Ist die Verwaltung der Ostdeutschen derart aufwendig und teuer?

Eine bereits wiederholt angekündigte, aber noch nicht vollzogene Verwaltungsreform führte zur Einparung von Personal.

Daß es dazu bislang nicht kam, wurde u. a. mit der Obhutspflicht des Staates begründet. So lange man keine alternativen

Arbeitsplätze anbieten könne, dürfe man diese Menschen nicht entlassen.

Stellte man diese Frage etwa bei den Millionen Ostdeutschen, deren Betriebe, Ämter und Institutionen nicht nur aus ökonomischen Gründen abgewickelt wurden?

Und um sich des hierzulande gängigen Zynismus' zu bedienen: Wenn diese angeblich so hochqualifizierten Fachleute in den heutigen Ämtern auch jene Koryphäen sind, als die sie dem Steuerzahler verkauft werden (nämlich um die ihnen gezahlten Spitzengehälter zu rechtfertigen), dann dürfte es ihnen doch kaum schwerfallen, sich auf dem Arbeitsmarkt selbständig zu behaupten? Ob als Ich-AG, Freiberufler oder als Unternehmer.

Oder sind die Manager der Wirtschaft vielleicht doch die Nieten in Nadelstreifen, als die G. Ogger sie bezeichnet?

Außerdem fragen wir uns, warum bei der großen Anzahl gutbezahlter Koryphäen von Ministerien und Bundesanstalten weitere Millionen für Beraterverträge ausgegeben werden müssen.

Eine gewisse Umverteilung (nicht Abbau) ist 2004 beabsichtigt: 2.000 Beamte von Bahn, Post und Telekom sollen zum Zoll abkommandiert werden. Die bei der Oberfinanzdirektion konzentrierte »Finanzkontrolle Schwarzarbeit« soll auf diese Weise bis zu 5.000 Personen aufgestockt werden und bundesweit die Schwarzarbeit bekämpfen. Damit werden die Ausgaben keineswegs reduziert, sondern lediglich verlagert. Ein wirksamer Abbau der Bürokratie und eine Entlastung des Haushalts sieht jedoch anders aus.

■ Was sieht die »Agenda 2010« zu diesem Thema vor?

– Das »Sofortprogramm Bürokratieabbau« hat das Lohnsteuerverfahren vereinfacht, indem es elektronisch abgewickelt werden kann. Kleine Unternehmen sollen von bürokratischen Pflichten entlastet werden.

– Über die Maßnahmen hinaus, die die Bundesregierung bereits ergriffen hat, kommt es weiterhin darauf an, mögliche bürokratische Hemmnisse für Arbeitsmarkt und Selbständigkeit zu identifizieren und zu beseitigen.

– Die Verbesserung der Rahmenbedingungen für Forschung und Technologie durch innovationsfreundliche Gestaltung auch der rechtlichen Voraussetzungen und Abbau bürokratischer Auflagen ist ein strategisch wichtiges Handlungsfeld.

– Die Fülle und Komplexität bisher öffentlich wahrgenommener

Aufgaben haben den Staat an die Grenzen seiner Leistungsfähigkeit gebracht und die Bürgerinnen und Bürger in ihrer gesellschaftlichen Selbstverantwortung gehemmt. Wenn es gelingen soll, in Deutschland zu einer neuen Aufgabenteilung zwischen Staat und Gesellschaft zu kommen, dann ist es notwendig, diejenigen bürokratischen Hindernisse zu beseitigen, die einer Stärkung von Zivilgesellschaft und Ehrenamt entgegenstehen könnten.

– Im Wettbewerb der Standorte ist eine effektive und effiziente öffentliche Verwaltung ein bedeutsamer Faktor. Dienstleistungen und Bürgerservice ständig zu verbessern und die »Verwaltungskunden« schnell, kostengünstig und unbürokratisch zu bedienen, bleibt eine Daueraufgabe.

– Die Bundesregierung wird auf die Erfolge, die in der letzten Legislaturperiode (1998-2002) mit dem Programm »Moderner Staat – Moderne Verwaltung« bei der Modernisierung der Bundesverwaltung erreicht worden sind, aufbauen.

Sie wird die Organisationsstrukturen und Geschäftsprozesse in der Bundesverwaltung fortlaufend daraufhin untersuchen, wie sie besser und unbürokratischer gestaltet werden können. Konzentration auf diese strategischen Handlungsfelder heißt weder, daß auf anderen Feldern nichts getan werden muß, noch daß andere Felder für die Wettbewerbsfähigkeit des Standortes und die Zufriedenheit der Bürgerinnen und Bürger unbedeutend sind. Aber es geht darum, beim gezielten Bürokratieabbau Prioritäten zu setzen, statt sich zu verzetteln. Ressourcen sind knapp - auch die, die für Bürokratieabbau eingesetzt werden.

– Im Sofortprogramm zum Bürokratieabbau hat die Bundesregierung am 26. Februar 2003 bereits 13 Projekte auf den Weg gebracht, die derzeit umgesetzt werden (»erste Welle«). Das Kabinett hat parallel dazu alle Ressorts aufgefordert, weitere Projekte zum Abbau von Bürokratie zu benennen. (»zweite Welle«). Da die Initiative ein dynamischer Prozeß ist, werden über die bisher benannten Projekte hinaus die Ressorts damit beauftragt, gezielt auf den strategischen Handlungsfeldern weitere Entlastungen von Bürokratie zu suchen und als Projekte einzubringen (»dritte Welle«).

– Das Bestreben, Bürgerinnen, Bürger und Unternehmen nachhaltig von bürokratischen Hemmnissen zu entlasten, bedingt die Konzentration auf besonders wichtige Felder. Damit dies für möglichst viele Menschen rasch spürbar wird, müssen die häufigsten Verwaltungskontakte in den Blick genommen werden. Die Häufigkeit der Behördenkontakte wird an folgenden Zahlen deutlich. Jährlich gibt es in Deutschland (Stand 2001/02)

* rund 700 Millionen Kassenrezepte mit mehr als 900 Millionen Verordnungen auf der Basis eines Papierformulars,
* rund 113 Millionen Meldungen der Arbeitgeber an die Einzugsstellen für den Sozialversicherungsbeitrag,
* im Beitragsverfahren rund 120 Millionen Beitragsnachweise und genauso viele Überweisungen der Arbeitgeber an die Einzugsstellen für den Sozialversicherungsbeitrag,
* über 34 Millionen Lohnsteuerkarten,
* rund 29 Millionen Einkommensteuererklärungen,
* über 15 Millionen Kfz-Neuzulassungen, Besitzumschreibungen und Löschungen,
* rund 14 Millionen Anträge auf Personalausweise und Reisepässe,
* rund 6,5 Millionen Wohnungsan- und Wohnungsabmeldungen,
* rund 750.000 Geburten mit entsprechenden Auswirkungen auf die Standesämter, Erziehungs- und Kindergeldstellen.

Hinzu kommt die Inanspruchnahme der Gerichte in beispielsweise

* fast 4 Millionen Zivil- und Familiensachen,
* über 8 Millionen Mahnsachen,
* fast 12 Millionen Grundbuchsachen,
* rund 1,6 Millionen Vormundschaftsangelegenheiten oder
* rund 1,7 Millionen Straf- und Bußgeldsachen (im Jahr 2001).

– Viele dieser Verwaltungsdienstleistungen werden im Verbund von Bund, Bundesländern und Kommunen erbracht. Nachhaltige Entlastungen können deshalb nur erreicht werden, wenn die Geschäftsprozesse in diesem dreistufigen Verbund insgesamt gesehen und grundlegend vereinfacht werden.

Dies setzt erhebliche Investitionen in sehr anspruchsvolle technische Lösungen voraus (Stichwort *eGovernment*). Bund, Länder und Kommunen haben eine intensive Zusammenarbeit im *eGovernment* beschlossen. Mit der gemeinsamen Strategie DeutschlandOnline werden sie eine integrierte *eGovernment*-Landschaft aufbauen und Wirtschaft sowie Bürgerinnen und Bürgern Online-Dienstleistungen ebenenübergreifend zur Verfügung stellen.

– Die Initiative Bürokratieabbau ist ein entscheidender Schritt zur Stärkung von Innovationskräften, für mehr Wachstum und

Beschäftigung am Standort Deutschland und eine effiziente, bürgernähere Verwaltung.

– 54 Projekte sollen bürokratische Hemmnisse aus dem Weg räumen. Die in einem Strategiekonzept beschlossenen Projekte der Bundesregierung zum Abbau von Bürokratie greifen vor allem und gezielt auf den Feldern, die für die Wettbewerbsfähigkeit besonders fördernd sind und Bürger sowie Unternehmen spürbar entlasten.

(Im Dokument »Agenda 2010« sind nachfolgend die 54 Projekte auf 5 Strategiefeldern ausführlich auf mehreren Seiten vorgestellt worden. Auf die Wiedergabe wird verzichtet – d. A.)

Risiken und Nebenwirkungen

– Die Vorschläge zum Bürokratieabbau beinhalten im Prinzip das Anpassen von gesetzlichen Regelungen, die der Einführung der »Agenda 2010« im Wege stehen. Ein längst überfälliges Entrümpeln der zigtausend Gesetze und Vorschriften ist nicht zu erwarten.

– Es steht zu befürchten, daß die Initiative Bürokratieabbau den Aufbau einer neuen Bürokratie zum Abbau der alten mit sich bringt. Millionen von Bediensteten lebten bisher von der Bürokratie. Es erscheint höchst fragwürdig, daß der Apparat sich selbst »entbürokratisiert«.

– Die Befürchtung ist real. So kündigte die Bundesanstalt für Arbeit bereits an, 12.000 weitere Stellen zu benötigen, um die Aufgabe des Zusammenlegens von Arbeitslosen- und Sozialhilfe zu bewältigen.

☐ Wir schlagen vor

– Der Regierungs- und Verwaltungsapparat wird ohne Wenn und Aber reduziert. (Also nicht wie seinerzeit die Ersetzung des Postministeriums durch eine noch größere Regulierungsbehörde.)

– Im Zuge der Abbaus des Regierungs- und Verwaltungsapparates wird die Aufgabe, den undurchdringlichen Gesetzesdschungel auszulichten, nachhaltig gelöst.

– Diese Aufgabe übernehmen die ausscheidenden Bediensteten als Vorbereitung auf den Einstieg in ihr neues Berufsleben. Wir können uns vorstellen, daß sie dies kurzfristig und mit besonderer Akribie lösen werden.

– Die Bundesländer erhalten das Recht, Sonderregelungen zu

erlassen oder Aufhebungen von Gesetzen in den Bereichen Wirtschafts, Finanzen, Bauwesen und Umwelt vorzunehmen, wenn diese nicht EU-vertraglich präjudiziert sind. Damit werden regionale Freiräume geschaffen.

Effekte

– Die Ausgaben der öffentlichen Haushalte werden um 10 Prozent, das sind 96 Milliarden Euro, verringert.
– Durch den Einsatz der ehemaligen Staatsdiener im produktiven und Dienstleistungsbereich fließen jährlich mindestens 15 Milliarden Euro mehr in die Rentenversicherungskassen.
– Die Verringerung der Frühpensionierungen und die Senkung des Krankenstandes der Staatsdiener auf den Durchschnittswert in der privaten Wirtschaft führen zu 2 Milliarden Euro Einsparung.
– Durch die Aufhebung der bürokratischen Regulierung der Wirtschaft werden 50 Milliarden Euro eingespart.
– Die Verluste durch Fehlhandlungen des Beamtenstaates werden um mindestens 15 Milliarden Euro gesenkt.
– Die freiwerdenden finanziellen Mittel werden für die Erhaltung und Stärkung der Sozialsysteme eingesetzt.
– Der Gesetzesdschungel wird ohne Mehraufwand durch Spezialisten gelichtet.
– Nachfolgenden Generationen wird nur noch ein Mindestmaß an Bürokratie zugemutet.

Der Staat als Bauherr

Die sogenannte Öffentliche Hand ist nicht nur direkter Arbeitgeber. Durch die Vergabe von Aufträgen an Subunternehmen ist sie es auch indirekt. Allein 1989 verbaute der Bund 22 Milliarden Euro.[18] Im Jahr 1992 waren es bereits 6 Milliarden mehr.[19]

Der Umzug von Bonn nach Berlin ist vollzogen. Laut Bundesrechnungshof kostete er insgesamt rund 10 Milliarden Euro. Das heißt: Für jeden vom Rhein an die Spree verlegten Arbeitsplatz waren Aufwendungen bis zu 100.000 Euro nötig.

In der Sache ist dagegen nichts zu sagen. Das demokratisch legitimierte Parlament hat entschieden, die Hauptstadt Berlin auch zum Sitz der Regierung zu machen und, anders etwa als in Brasilien oder in Australien, die so gewählte Metropole auch entsprechend auszugestalten. Das Parlamentsgebäude, der Bundestag, mußte aus- und umgebaut sowie eine Reihe Amtsgebäude rekonstruiert oder neu errichtet werden. Das waren notwendige Investitionen. Ob manches Gebäude zu bombastisch ausfiel und architektonisch zu überzogen, steht dahin. Gebaut ist gebaut. Nun muß man damit leben.

Dennoch ist zu fragen, ob diese Baulust anscheinend ungebremst andauern muß?

Im Jahr 2000 sah der Haushalt wiederum 31 Milliarden Euro für Baumaßnahmen vor.

Davon waren nach Einschätzung kritischer Beobachter allenfalls maximal 12 Milliarden erforderlich.

Die sogenannten Dorotheen-Blöcke kosteten ohne Grundstück 460 Millionen Euro[20]. Die eigens für die Bundestagsabgeordneten errichtenen Wohnungen wurden mehrheitlich von diesen abgelehnt – die Parlamentarier zogen es vor, sich in anderen Teilen der Stadt einzumieten oder eine Eigentumswohnung zu kaufen. Obgleich die Wohnungen aus den Dorotheen-Blöcken schließlich auf dem freien Markt angeboten wurden, stehen noch immer viele leer. Mithin: Die halbe Milliarde hätte man sich sparen können.

Das gilt auch für den 5 Millionen Euro teuren Kindergarten, der in Sichtweite des Parlaments eigens für den Nachwuchs der Abgeordneten errichtet wurde. Abgesehen vom Pfusch (nach Jahresfrist kam die Decke herunter) war dies eine gänzlich überflüssige Investition. In Berlin-Mitte existierten ausreichend Kindertagesstätten. Etliche von ihnen mußten schließen, weil Zuschüsse in Höhe von 15 Millionen Euro für die Kitas der Hauptstadt gestrichen wurden.

Die Kita des Bundes ist nicht ausgelastet.

Marktwirtschaftlich gesehen ist der Bau von Wohnungen für Abgeordnete und Staatsdiener, wenn diese nicht bezogen werden, durchaus ein nützlicher Beitrag zur Mietpolitik. Ein Leerstand an Wohnungen, so ärgerlich und ökonomisch verlustreich das für den einzelnen Bauherrn vielleicht auch sein mag, führt dazu, daß insgesamt das Mietpreisniveau sinkt. Denn auch hier reguliert das Verhältnis zwischen Nachfrage und Angebot den Preis.

Leerstehende Plattenbauten zum Beispiel werden darum nicht in erster Linie wegen ihrer Unterhaltungskosten abgerissen. Auch hier wirkt das uralte kapitalistische Prinzip: Geldvermehrung durch Geldvernichtung.

Aber: Wir reden in diesem Falle über unser Geld, denn was sind die verbauten Steuermittel? Wenn private Investoren ihr Kapital in den Sand setzen, ist das ihre Sache. Wenn die Allgemeinheit, ohne gefragt zu werden, ihr Geld riskieren muß, ist das eine andere.

■ Was sieht die »Agenda 2010« zu diesem Thema vor?

Nichts. Regierungsbauten sind nicht Gegenstand.

Risiken und Nebenwirkungen

– Keine. Die Bundesregierung, die Landesregierungen und Verwaltungen können auch weiterhin das Geld des Steuerzahlers mit vollen Händen für unnütze, aber kostspielige Bauwerke ausgeben.

□ Wir schlagen vor

– Die Investitionen für Regierungs- und öffentliche Bauten werden drastisch reduziert.

– Für die Unterbringung der Regierungen und Verwaltung ist vorhande Bausubstanz zu nutzen.

– Die Investitionsmittel für solche Bauten sind durch Einsparungen im Haushalt für den öffentlichen Dienst zu erwirtschaften.

Effekte

– Einsparung von mindestens 25 Milliarden Euro im Jahr durch Reduzierung der staatlichen Neubauten.

– Nutzung vorhandener Bausubstanz beziehungsweise Überführung von durch die Verwaltungsreform freiwerdenden Verwaltungsgebäuden in eine soziale Nutzung.

Öffentliche Haftung

Jeder Unternehmer und jede Privatperson haftet für Schäden und Verluste. Gläubiger sind unerbittlich beim Eintreiben ihrer Forderungen. Sie nutzen dabei alle Instrumente des Rechtsstaats.

Versagt eine Regierung, haftet niemand.

Die Abwahl der Regierungsparteien mindert den entstandenen Schaden nicht. Die aus Regierungsämtern Vertriebenen bekommen Übergangsgelder, die zwar nicht so üppig ausfallen wie die Abfindungen von Managern, aber doch ganz ordentlich sind. Ihre Tätigkeit, so miserabel sie vielleicht auch war, wird auf die Rente angerechnet. Wer zwei Legislaturen im Parlament auf der Hinterbank saß, muß sich um seine Pension keine Sorgen machen.

Wer für seine Fehler nicht haften muß, handelt möglicherweise sorgloser als jemand, der sich bewußt ist, für Fehlentscheidungen und Irrtümer geradestehen zu müssen. Zwang führt zu größerer Um- und Vorsicht. Daher wäre es sinnvoll, über Formen einer Mithaftung politischer Mandatsträger nachzudenken, die das Verantwortungsgefühl etwa im Umgang mit fremden (Steuer-)Geld erhöhte.

Denkbar wäre ein Gesellschaftsvertrag zwischen der Regierung und dem Volk, dem Souverän. Das Regierungsprogramm wird von seinem propagandistischen und dem Wahlkampfcharakter befreit und in den Rang eines verbindlichen Versprechens, eben eines Gesellschaftsvertrages, gehoben. Das schließt die persönliche materielle Haftung für angerichtete Schäden mit ein.

■ Was sieht die »Agenda 2010« zu diesem Thema vor?

Nichts. Das war nicht Gegenstand.

Risiken und Nebenwirkungen

– Keine. Weil es zu keinem Gesellschaftsvertrag kommen wird, können die Parteien an ihrer bisherigen Praxis festhalten, den Wählern Dinge im Wahlkampf zu versprechen, die sie nicht einlösen wollen oder können.

– Die Arbeit in den Ministerien und Verwaltungen ist bequem und krisenfest. Sie wird nicht mit Risiken belastet.

□ Wir schlagen vor

– Zwischen der Bundesregierung und dem Volk wird ein Gesellschaftsvertrag geschlossen. In ihm wird fixiert, was einerseits das Volk von der Bundesregierung und ihren Verwaltungen an Leistungen erwartet, und was andererseits das Volk dafür in Abhängigkeit von der Leistung der Bundesregierung und ihren Verwaltungen zahlen will.
– Der Gesellschaftsvertrag wird im Rahmen der Bundestagswahlen zur Diskussion gestellt.

Effekte

– Für den Einsatz der Mittel übernehmen die jeweilig Verantwortlichen die Haftung. Bei nachgewiesener Mißwirtschaft leisten die Verursacher Schadenersatz. Mit der Vertreterwahl stellen die sich bewerbenden Parteien ihre Entwürfe der Gesellschaftsverträge vor. Die Partei, die an die Regierung kommt, löst ihren Gesellschaftsvertrag bei der folgenden ein.
– Das Vertrauen der Wähler in Parteien und Regierungen wird gestärkt, die Demokratie würde gewinnen.

Steuerreform und heiße Luft

Die im Laufe des Jahres 2003 öffentlich geführte Debatte hat mindestens eines bewirkt: daß am Ende kaum noch einer verstand, um was im Bundestag gestritten wurde. Wir wurden in Talkshows und anderthalbminütigen Tagesschau-Statements, mit Partei-Slang und Parlamentsgerede, mit Zahlen und Ziffern überschüttet. Wenn es noch eines Beweises bedurfte, daß die innergesellschaftliche Kommunikation zwischen Regierenden und Regierten nicht mehr funktioniert, wurde er auf diesem Feld überzeugend erbracht.

Am Ende ging es wohl auch nicht mehr darum, die Steuergesetzgebung gravierend zu vereinfachen und die Steuerlast namentlich bei den Durchschnittsbürgern zu reduzieren, sondern wer – die Regierung oder die Opposition – sich gegen den jeweiligen politischen Kontrahenten durchsetzte. Nicht das Ziel war das Ziel, sondern der Weg. Staatstheater eben. Aber in einer miserablen Inszenierung mit schlechter Besetzung.

Wenige Tage vor Weihnachten 2003 einigte man sich auf einen »Kompromiß«. Jede Seite reklamierte für sich, daß dieser »ihre« Handschrift trüge. Der Kanzler behauptete – und dabei sah man nicht einmal den Schalk, der ihm bei dieser unverfrorenen Lüge grinsend im Nacken saß –, daß mit dieser Reform der Aufschwung stabilisiert werden würde.

Das verstand Otto Normalverbraucher noch viel weniger als die Pseudoargumente zuvor.

Wo war die Steuerentlastung, wenn er zugleich mit weiteren Forderungen belastet werden sollte? Wo war die soziale Gerechtigkeit. wenn die Besserverdienenden unverändert bessergestellt blieben?

Am 3. Juli 2003 hatte Schröder in der Regierungserklärung behauptet: »Die dritte Stufe der Steuerreform wird auf 2004 vorgezogen, damit die Menschen mehr von dem, was sie erarbeitet haben, für die Qualität ihres eigenen Lebens und für ihre Kinder ausgeben können.«

In der Bundesrepublik Deutschland setzten sich im Jahr 2000 die Steuereinnahmen des Staates folgendermaßen zusammen[21]:

Lohnsteuer	167 Milliarden Euro (≈ 33 Prozent)
Solidaritätszuschlag	12 Milliarden Euro (≈ 2 Prozent)
Veranlagte Einkommensteuer	29 Milliarden Euro (≈ 6 Prozent)
Kapitalertragssteuer	7 Milliarden Euro (≈ 1 Prozent)
Körperschaftssteuer	25 Milliarden Euro (≈ 5 Prozent)
Umsatzsteuer	107 Milliarden Euro (≈ 21 Prozent)
Versicherungssteuer	7 Milliarden Euro (≈ 1 Prozent)
Tabaksteuer	11 Milliarden Euro (≈ 2 Prozent)
Branntweinsteuer	4 Milliarden Euro g(≈ 1 Prozent)
Mineralölsteuer	38 Milliarden Euro (≈ 8 Prozent)
Vermögenssteuer	weniger als 1 Milliarde Euro
Erbschaftssteuer	3 Milliarden Euro (≈ 1 Prozent)
Grunderwerbssteuer	5 Milliarden Euro (≈ 1 Prozent)
Kraftfahrzeugsteuer	7 Milliarden Euro (≈1 Prozent)
Gewerbesteuer	27 Milliarden Euro (≈ 6 Prozent)
Grundsteuer A und B	9 Milliarden Euro (≈ 2 Prozent)
Sonstige Steuern	44 Milliarden Euro (≈ 9 Prozent)

Das Verhältnis der Anteile der Gewinn- und Vermögenssteuer sowie der Lohnsteuer am gesamten Steueraufkommen veränderte sich wie folgt[22]:

1997:	
Gewinn- und Vermögenssteuer	29 Prozent
Lohnsteuer	30 Prozent
2002:	
Gewinn- und Vermögenssteuer	14 Prozent
Lohnsteuer	36 Prozent

Obgleich die Zahl der Erwerbstätigen, also der Lohnsteuerzahler, um 1 Million zurückging, stieg das Lohnsteueraufkommen um 6 Prozent. Mit anderen Worten: Die Erwerbstätigen wurden in diesen fünf Jahren mehr und mehr zur Kasse gebeten.

Der Anteil der Lohnsteuer am zu versteuernden Einkommen betrug in der DDR durchschnittlich zehn Prozent, in der BRD damals 22 Prozent.

Einmal angenommen, die DDR-Steuerpraxis ließe sich auf die heutige Bundesrepublik übertragen, dann bedeutete dies eine jährliche Steuerentlastung pro Erwerbstätigen von 3.085 Euro. Und da es inzwischen üblich ist, dies immer in Kaufkraftzuwachs hochzurechnen, bedeutete dies einen bundesweiten Zugewinn aufs Jahr von 91 Milliarden Euro. Damit ließe sich in der Tat die Binnennachfrage ankurbeln.

In der DDR setzten sich 1988 die Einnahmen des Staates aus Abgaben und Steuern folgendermaßen zusammen[23]:

Abgaben der Industrie (saldiert)	27,8 Milliarden Euro
Abgaben der Landwirtschaft (saldiert)	0,8 Milliarden Euro
Abgaben des Handwerks (saldiert)	2,3 Milliarden Euro
Lohnsteuer	2,5 Milliarden Euro
Kfz-Steuer	0,1 Milliarden Euro
Gemeindesteuer	0,1 Milliarden Euro
Steuer aus freiberuflicher Tätigkeit	0,2 Milliarden Euro

Die Nettoabgaben der Industrie deckten über 80 Prozent der Ausgaben des Staatshaushaltes, die Lohnsteuer nur 8 Prozent.

In den Jahren nach dem Beitritt der DDR hat sich das Geldvermögen in der Bundesrepublik nahezu verdoppelt und über drei Billionen Euro erreicht[24]. Allerdings ist es sehr ungleich verteilt:

Die 100 reichsten Deutschen besitzen davon 250 Milliarden Euro. Hingegen sind bereits 2,8 Millionen deutsche Haushalte überschuldet – 2,9 Millionen Menschen leben von Sozialhilfe.

Die großen Vermögen sind nicht das ausschließliche Resultat von Arbeitsleistungen, sondern die Summe jahrzehntelanger erfolgreicher Ausbeutung und Plünderung, von Spekulation, Zinszuwächsen und Erbschaften. Allein 2002 wurden in der Bundesrepublik 125 Milliarden Euro vererbt – davon kassierte der Fiskus lediglich 3,5 Milliarden Euro Erbschaftssteuer, also nicht einmal drei Prozent des Erbvermögens.

Diese Vermögen sollen stärker zur Finanzierung des Staates herangezogen werden, denn schließlich schaffte der Staat die Bedingungen zu ihrer Vermehrung. Doch seit der Besteuerung der Zinserträge brachten gutbetuchte Bundesbürger zwischen 150 und 250 Milliarden Euro auf ausländischen Banken »in Sicherheit«.[25]

Moralische Appelle an Steuerflüchtlinge zu Weihnachten, wie etwa Kanzler Schröder erneut in der *Bild am Sonntag* vom 21. Dezember 2003, sind darum nicht frei von Lächerlichkeit. Geld und Moral schließen sich zwangsläufig aus: Wer zahlt schon freiwillig mehr als unbedingt nötig? Zumal – wie bereits dargestellt – die Gefahr der Steuerverschwendung immer besteht und damit ein gewisses Verständnis für Steuerflucht selbst bei weniger Vermögenden weckt. Appelle an die Superreichen bringen nichts.

Hier muß entschieden gehandelt werden.

Gewiß ist die vielfach erhobene Forderung nach höherer Besteuerung von Vermögen problematisch. Trotzdem hat es diese Steuer bereits gegeben, und sie hatte eine Bemessungsgrundlage. Interessant ist, daß nach Wegfall der Vermögenssteuer das Vermögen die bereits erwähnte gigantische Größe angenommen hat. Wir meinen, daß es gerechtfertigt ist, die Vermögenssteuer so zu definieren und einzuführen, daß dieser Anstieg gebremst wird.

Nicht umsetzbar sind Vorschläge, die auf eine zusätzliche Besteuerung international tätiger Unternehmen abzielen.[28] Solche »Globalplayer« operieren nicht nur multinational – in ihnen sind auch verschiedene nationale Kapitalien gebunden. Das heißt: Einzelne Staaten haben keinen nationalen Zugriff (was ja die Erhebung einer Steuer darstellt). Zudem ist die Entscheidungsebene inzwischen mehr und mehr international. Deshalb verhängte beispielsweise EU-Wettbewerbskommissar Mario Monti am 22. Mai 2003 gegen den Globalplayer Deutsche Telekom ein Bußgeld von 12,6 Millionen Euro. Der Konzern hatte Konkurrenten, die Telekom-Netze nutzen wollen, durch überhöhte Mietpreise daran gehindert, im hiesigen Netz Fuß zu fassen.

Das Steuerproblem kann darum nicht ausschließlich durch die nationale Brille betrachtet werden. Es existieren kaum noch nationale Großindustrien – die Auswirkungen internationaler Steuergesetze auf die nationale Steuerpraxis ist darum kaum zu vermeiden.

■ Was sieht die »Agenda 2010« zu diesem Thema vor?

– Mit dem Vorziehen der dritten Stufe auf 2004 vollendet die Bundesregierung die größte Steuerreform der deutschen Nachkriegsgeschichte. Allein im Vergleich zum laufenden Jahr zahlen die Bürgerinnen und Bürger ab 2004 im Durchschnitt zehn Prozent weniger Einkommensteuer. Mittelständische Unternehmen zahlen jährlich zehn Milliarden Euro weniger – ein klares Signal für mehr Investitionen und mehr Beschäftigung.

– Insgesamt entlastet die im Jahr 2000 begonnene Steuerreform die Bürgerinnen und Bürger sowie die Unternehmen im Jahre 2004, verglichen mit 1998, um rund 56 Milliarden Euro. Davon entfallen 41 Milliarden Euro auf die privaten Haushalte. Die Kaufkraft der Bürgerinnen und Bürger wird gestärkt, den Unternehmen werden Anreize für Investitionen gegeben. Subventionen werden abgebaut und die Finanzierung der Gemeinden wird endlich auf eine solide Basis gestellt.

– Die Bündelung der letzten beiden Stufen der Steuerreform führt zu einer Entlastung von Bürgern und Unternehmen im Umfang von insgesamt 21,8 Milliarden Euro. Die Einnahmeausfälle werden durch zusätzliche Privatisierungserlöse, eine begrenzte Erhöhung der Nettokreditaufnahme und den Abbau von Subventionen ausgeglichen. Dazu zählen der Wegfall von Eigenheimzulage und Wohnungsbauprämie für Neufälle, die Begrenzung der Entfernungspauschale und die Kürzung des Weihnachtsgeldes für Bundesbeamte. Die Steuerreform entlastet vor allem Familien, Bürgerinnen und Bürger mit geringen Einkommen sowie mittelständische Unternehmen.

– Das Bundesverfassungsgericht hatte den Haushaltsfreibetrag für Alleinerziehende für verfassungswidrig erklärt. Dieser wird deshalb bei der nächsten Stufe der Steuerreform wegfallen müssen. Zum Ausgleich ist für »echte« Alleinerziehende ein Steuerfreibetrag von 1.300 Euro vorgesehen. Ohnehin bleibt den meisten Betroffenen durch das Vorziehen der Steuerreform mehr Geld im Portemonnaie.

– Vom Vorziehen der Einkommensteuerreform sind die Kapitalgesellschaften nicht betroffen. Vielmehr werden Personenunternehmen deutlich besser gestellt.

– Mittelständische Unternehmen werden 2004 deutlich entlastet. Das ist ein Signal für mehr Investitionen und mehr Beschäftigung. Es ist das größte Programm zur Entlastung des Mittelstands, das es je gegeben hat.

– Basis für das Vorziehen der Steuerreform ist das Einsparkonzept des Bundeshaushalts. Das Konzept zur Haushaltsstabilisierung 2004 des Bundes ist darauf ausgerichtet, das Wachstum konsumtiver Ausgaben zu bremsen, Subventionen abzubauen und die Bekämpfung von Schwarzarbeit und Steuerhinterziehung voranzutreiben. Das Konsolidierungsvolumen im Bundeshaushalt beträgt 14 Milliarden Euro in 2004 und bis zu 15 Milliarden Euro in den Folgejahren. Das sind mehr als 5 Prozent des Volumens des Bundeshaushalts.

– Das hohe gegenwärtige Finanzierungsdefizit des Bundes kann hierdurch bis 2007 bis auf 10 Milliarden Euro zurückgeführt werden. Das Konsolidierungskonzept bietet auch Bundesländern und Gemeinden eine spürbare Entlastung. Es sichert den Bun-

desländern und Kommunen auf Einnahme- und Ausgabeseite bereits Entlastungen von zusammen 8,9 Milliarden Euro in 2004 und steigt bis 2007 auf über 11 Milliarden Euro an.
– Für das kommende Jahr unterstellt die Bundesregierung ein zusätzliches Privatisierungsvolumen von 2 Milliarden Euro.
Der Nachrichtenkanal *Phoenix* brachte einen Film von Günter Ederer mit dem Titel »Das Märchen von der gerechten Steuer«[26]. Darin wurde belegt, daß immer dann, wenn Wahlen anstehen, die Parteien unisono das Lied von der gerechten Steuer singen. Alle garantieren die *ganz große Reform*. Es wird versprochen, die Steuern zu senken für niedrige Einkommen aus sozialen Gründen und für die Großverdiener wegen der Arbeitsplätze. In jedem Fall müsse der Spitzensteuersatz gesenkt werden, weil – so die Wahlbewerber – sich Leistung wieder lohnen müsse. Und je nach Partei werden noch die eine oder andere Sonderleistung dazu versprochen. Nach der Wahl kommt die Realität. Ob Schwarzgelb oder Rotgrün: Steuern und Abgaben bleiben unterm Strich in astronomischen Höhen – bis zum nächsten Wahltermin. Der Film offenbarte das Horrorgeflecht deutscher Steuergesetze. Über 60 Prozent der gesamten Weltliteratur über das Steuerrecht wurde in Deutschland verlegt. Kein Staat habe ein derart unüberschaubares System entwickelt. An Beispielen wurde demonstriert, wer die Zeche zahlt und wer davon profitiert. Die Kaste der Steuerberater zum Beispiel, ohne die kein Bürger mehr in der Lage ist, seine Einkommensteuererklärung abzugeben. Wer es sich finanziell leisten kann, spart mit den Tricks der Steuerexperten auch schon mal die komplette Steuer, während die Kleinverdiener gnadenlos zur Kasse gebeten werden.
Wer seine Steuererklärung unterschreibt, steht schon mit einem Bein im Gefängnis, denn er muß 70.000 gesetzliche Regelungen beachten. Das kann niemand. Deshalb ist nahezu jeder auf die Dienste eines Steuerberaters angewiesen. Für manchen Teil der Steuererklärung ist die Mitarbeit des Steuerberaters sogar gesetzlich vorgeschrieben.
Ederers Film zeigte aber auch, daß alle Parteien die *ganz große Reform* scheuen wie der Teufel das Weihwasser. Dabei haben deutsche Experten längst praktikable Modelle vorgestellt. Sie landeten alle im Papierkorb. Längst ist klar: Das deutsche Steuerrecht ist mit der freiheitlichen Idee des Grundgesetzes nicht vereinbar, weil es niemand mehr verstehen kann, selbst die Steuerbeamten nicht.

Es steht zu bezweifeln, daß der Steuerberater alle 70.000 gesetzliche Regelungen kennt. Dennoch hat das keine Konsequenzen für ihn. Er ist nur der Berater, nicht der Steuerpflichtige. Nur dieser haftet – auch wenn sich der Steuerberater irrte.
Ein Finanzbeamter schafft lediglich vier Fälle pro Tag.
Durch Steuertricks, insbesondere durch das sogenannte Umsatzsteuerkarussell der Wirtschaftsunternehmen, entstehen nach einem Bericht des Bundesrechnungshofes Steuerausfälle von mindestens 12 Milliarden Euro im Jahr.

□ Wir schlagen vor

– Unsoziale Bereiche, die vom Steuerzahler finanziert werden müssen, sind zu streichen oder drastisch zu reduzieren. Mehr als zwei Drittel der Steuereinnahmen des Staatshaushaltes stammen aus der Versteuerung der Einkommen von Erwerbstätigen aus der Wirtschaft sowie aus dem privaten Konsum der Bürger. Also muß der Staat alles, was er bei Anwendung der Prinzipien äußerster Sparsamkeit nicht für sich selbst und seine Machtausübung sowie für Aufgaben des Gemeinwohls benötigt, auch für die Bürger wieder ausgeben.
– Ein neues Steuergesetz muß her, das auf folgenden Grundsätzen aufgebaut ist – wenn definiert ist, was geringes und was ein höheres Einkommen ist.

* Mindeststeuer für geringere Einkommen von	15 Prozent
* Höchststeuer für höhere Einkommen von	45 Prozent
* Körperschaftssteuer von	25 Prozent
* Kapitalertragssteuer von	10 Prozent
* Generelle Verbrauchersteuer von	10 Prozent

* Wegfall aller anderen Verbrauchssteuern,
* Wegfall aller Subventionen und Steuervergünstigungen,
* Steuerhoheit der Bundesländer.

Effekte

– Bei Vereinfachung des Steuersystems reduzieren sich die Möglichkeiten, Steuerlücken auszunutzen oder die Steuerverhältnisse freizügig zu gestalten. Das wird insbesondere im Kapital- und Warenverkehr der großen, international tätigen Unternehmen praktiziert. Durch Einschränkung dieser Praktiken können zusätzliche Einnahmen für die öffentlichen Haushalte erreicht und zum Nutzen der Bevölkerung eingesetzt werden. Das bedeutet jährliche Mehreinnahmen in Höhe von 26 Milliarden Euro.[27]

Subventionen

Es war und ist gängige Praxis, mit direkten oder indirekten Zuwendungen Waren oder Leistungen zu unterstützen, um deren Preis niedrig zu halten. Vor allem die Subventionen für die Industrie gehören auf den Prüfstand. Wir sehen nicht ein, warum der Steuerzahler den Industriellen den Profit bezahlen soll. In der Bundesrepublik werden die Großindustrie (Kohle- und Energiewirtschaft, Schiffsbau) und die Landwirtschaft subventioniert.[28] Die energieintensiven Großunternehmen haben sich zusätzliche Steuerentlastungen verschafft. Allerdings fließen noch weitere Steuergelder an die Wirtschaft zurück. Das Kieler Institut für Weltwirtschaft schätzt die gesamte Höhe der direkten und indirekten Subventionen mit 90 Milliarden Euro pro Jahr ein.[29]
Die DDR gab 17 Milliarden Euro Subventionen aus. Sie hielt auf diese Weise Mieten, Fahrtarife, die Preise für Lebensmittel, Kindersachen und viele andere Dinge künstlich niedrig.[30]

Man sprach zu Recht von der »zweiten Lohntüte«, die jeder DDR-Bürger hatte. Der Staat zahlte praktisch jedem, ob arm, ob reich, das Gleiche dazu. Er zahlte dem gutverdienenden Handwerker wie dem Pensionär mit Mindestrente von 150 Mark. Nutznießer waren die Kranken wie die Gesunden, die Aktiven wie die Passiven. »Der Staat« subventionierte dem Bäcker das vierpfündige Mischbrot, das sowohl ein Familienvater wie ein Bauer für 1,04 Mark im Laden bekam. Der Bauer kaufte mehrere Brotlaibe und verfütterte sie an die privat gehaltenen Schweine, weil das Brot ihn weniger kostete als das Getreide. Der Kleingärtner verkaufte seine Tomaten an den Dorfkonsum, der ihm dafür mehr zahlte, als die Tomate später im Laden kostete. So verkaufte der Kleingärtner als Produzent und kaufte als Konsument – er kaufte billig »seine Tomate« und strich die Subvention als Gewinn ein.

In der Bundesrepublik wurde jahrzehntelang beispielsweise der private Wohnungsbau subventioniert (Eigenheimzulage). Die Menschen zogen ins Umland der Städte, weil die Bodenpreise dort niedrig waren und eine lukrative Entfernungspauschale lockte. (Die Grünen nannten sie treffend »Zersiedlungsprämie«.) Autofahren zur Arbeit wurde subventioniert. Die Innenstädte verödeten, die Menschen standen auf dem Weg zur und von der Arbeit im Stau. Der Traum vom Eigenheim wurde für die meisten Beteiligten wie für die Unbeteiligten à la longue zum Albtraum. Dieser Weg erweist sich immer mehr als Irrweg. Und er wird nicht dadurch besser, daß man jetzt die bisherigen steuerlichen Abschreibungen (= Subventionen) streicht und zum Beispiel die Pendler als Opfer einer falschen Politik bestraft, indem sie dafür in doppelter Hinsicht zahlen sollen.

■ Was sieht die »Agenda 2010« zu diesem Thema vor?

– Zusätzlich hat der Bund einen weiteren Abbau von Steuersubventionen im Bereich der Umsatzsteuer vorgeschlagen, der bereits 2004 rund 610 Millionen Euro und langfristig jährlich 720 Millionen Euro erbringt. Damit können die möglichen Zinslasten aus einer einmaligen Kreditausweitung nachhaltig mehr als ausgeglichen werden.
– Um die zusätzlichen Zinsausgaben einer erhöhten Neuverschuldung nachhaltig zu finanzieren, werden ganz konkret Subventionstatbestände in der Umsatzsteuer abgebaut. Dies bringt bereits 2004 über 600 Millionen Euro für Bund, Länder und Gemeinden, davon rund 300 Millionen Euro für den Bund.
– Die zusätzlichen Einnahmen steigen mittelfristig auf 720 Millionen Euro, davon rund 370 Millionen Euro für den Bund und knapp 350 Millionen Euro bei Bundesländern und Kommunen. Damit ist sichergestellt, daß die höhere Zinslast den finanziellen Spielraum in Zukunft grundsätzlich nicht einschränken wird.
– Es werden drei Maßnahmen zum Subventionsabbau eingeführt. Der Wegfall der Durchschnittssatzbesteuerung für buchführende Landwirte bringt langfristig rund 200 Millionen Euro. Die Absenkung der Vorsteuerpauschale von 9 Prozent auf einen realitätsnäheren Wert von 7 Prozent bei Land- und Forstwirten dürfte rund 120 Millionen Euro bringen. Die Einführung der sogenannten Reverse-Charge-Regelung im Baugewerbe wird Betrügereien beim Vorsteuerabzug den Riegel vorschieben. Der Leistungsempfänger, der die Vorsteuer weiterhin abziehen darf, wird zum Steuerschuldner für die Umsatzsteuer der Vorstufe.

Risiken und Nebenwirkungen

– Die Vorschläge der Bundesregierung zielen vorrangig auf die Durchschnittsverdiener. Bisher gezahlte Subventionen sollen bei lohnabhängig Beschäftigten, bei Selbständigen und Freien gekürzt oder beseitigt werden.

☐ Wir schlagen vor

– Ungerechtfertigte Subventionen und Vergünstigungen für die Wirtschaft entfallen.

– Die dadurch eingesparten Haushaltsmittel werden für Aufgaben des Gemeinwohls eingesetzt, deren Ergebnisse allen Bürgerinnen und Bürgern zugute kommen.

Effekte

– Der Wegfall von Subventionen für die Industrie ermöglicht es dem Staat, mindestens 20 Milliarden Euro zusätzlich für die Sozialsysteme auszugeben.

»Pro Mittelstand«

Die Bundesregierung konstatierte, daß mittelständische Unternehmen mehr als 40 Prozent aller steuerpflichtigen Umsätze tätigen. In diesem Bereich der Wirtschaft sind fast 70 Prozent aller Arbeitsplätze und 80 Prozent der Ausbildungsplätze. Der Mittelstand ist Motor für Wachstum und Beschäftigung in Deutschland.

Das ist wohl so.

Warum, so muß man fragen, werden dann aber diese Betriebe mit bürokratischen Auflagen besonders belastet?

Wenn es gelänge, Wirtschaft und Mittelstand von Bürokratie zu entlasten, werde sich das positiv auf Wachstum und Beschäftigung auswirken, sagt nicht nur die Bundesregierung.

Bürokratie meint vor allem Vorschriften (und deren Durchsetzung), die Initiative lähmen, Risikobereitschaft mindern und ausschließlich dem Amtsschimmel Futter liefern. Das reicht von unsinnigen Verordnungen im Gastronomiebereich bis hin zur Regelung der Vorgartenbepflanzung. Es meint lange Dienst- und Genehmigungswege, aufwendige An-, Um- und Abmeldevorgänge, Abgabeverpflichtungen und Forderungen des Finanzamtes, Zwangsmitgliedschaften in Zünften und Berufsgenossenschaften, deren Sinnhaftigkeit ausschließlich die dort tätigen Funktionäre zu erklären vermögen und so weiter.

Wir könnten uns der Auffassung anschließen, daß der Mittelstand der Wachstumsmotor der deutschen Wirtschaft ist, wenn da nicht noch die großen Konzerne und Banken wären. Sollte beabsichtigt sein, die »Großen« zukünftig nicht mehr zu schonen, sondern sie in die Förderung des Mittelstandes und die Sicherung der Sozialsysteme in weitaus stärkerem Maße einzubeziehen, dann wird die Bundesregierung viel Beifall erhalten.

■ Was sieht die »Agenda 2010« zu diesem Thema vor?

– Der Bundesrat hat am 11. Juli 2003 Erleichterungen für Kleinunternehmer und Existenzgründer beschlossen. Sie werden künftig durch vereinfachte Buchführungspflichten und veränderte steuerliche Rahmenbedingungen entlastet. In Zukunft beginnt die Bilanzierungspflicht erst ab einem Umsatz von 350.000 Euro (bisher 260.000 Euro) und einem Gewinn von 30.000 Euro (bisher 25.000 Euro).

– Hierzu hatte das Bundeskabinett am 26. Februar 2003 einen Gesetzentwurf zur Förderung von Kleinunternehmen und zur Verbesserung der Unternehmensfinanzierung (Kleinunternehmerförderungsgesetz, KFG) beschlossen. Mit dem Gesetz werden erhebliche bürokratische Belastungen für Kleingewerbetreibende und Existenzgründerinnen und -gründer – das gilt insbesondere auch für die Ich-AG – abgebaut.
– Durch die Deutsche Ausgleichsbank werden Darlehen bis zu 25.000 Euro mit einer 80prozentigen Haftungsübernahme in einem vereinfachten Verfahren angeboten.
– Durch die Mittelstandsbank wird das vorhandene gute Förderangebot für Existenzgründungen und mittelständische Unternehmen stärker gebündelt. Dazu gehört die Einführung von Nachrangdarlehen, um Finanzierungshemmnisse mittelständischer Unternehmen abzubauen sowie deren Kapitalstruktur nachhaltig zu stärken.
– Trotz der mittelstandsgerechten Ausgestaltung der neuen internationalen Eigenkapitalstandards für Banken (Basel II) und der Gründung der Mittelstandsbank für schnellere Kredite muß die Eigenkapitalausstattung mittelständischer Unternehmen noch weiter verbessert werden. Von der Verbesserung der Verbriefung von Bankforderungen profitieren insbesondere kleine und mittlere Unternehmen, denen wegen ihrer Größe typischerweise eine direkte Kapitalmarktfinanzierung verschlossen ist.
– Kleine und mittlere Unternehmern sollen über sogenannte Zweckgesellschaften leichter Fremdkapital bekommen. Bisheriger Nachteil: Entgelte für die zunächst von den Zweckgesellschaften aufgenommenen Fremdmittel werden bei der Gewerbesteuer der Zweckgesellschaften hinzugerechnet. Das soll künftig nicht mehr der Fall sein.
– Es wird ein Förderprogramme für Gründer, junge Unternehmer und gestandene Mittelständler aufgelegt. Das Angebot setzt sich zusammen aus den Bausteinen Fremdkapital, Mezzanine-Finanzierung und Eigenkapital. Ab September 2004 wird es den neuen Unternehmerkredit geben, der die bisherigen Breitenprogramme Mittelstandsprogramm der Kreditanstalt für Wiederaufbau (KfW) und DtA-Existenzgründungsprogramm vereinen wird.
– Die Beteiligungsfinanzierung wird eine bedeutende Rolle im Finanzierungsangebot der KfW-Mittelstandsbank spielen. Die bisher bestehenden Angebote von KfW und tbg in der

Eigenkapitalfinanzierung für den Mittelstand werden weiter ausgebaut. Gemeinsam mit mittelständischen Beteiligungsgesellschaften, Venture Capital- und privaten Equity-Gesellschaften sowie anderen Förderinstituten entwickelt die KfW-Mittelstandsbank gerade neue Mittelstandsfonds-Modelle.
– Das Programm »Kapital für Arbeit«: Arbeitgeber können Darlehen von bis zu 100.000 Euro erhalten, wenn sie einen Arbeitslosen oder einen Auszubildenden sozialversicherungspflichtig einstellen. Die Vergabe erfolgt über die Hausbanken.
Vorausgesetzt wird eine ausreichende Bonität. So werden auch Betriebe mit geringer Eigenkapitalausstattung angeregt, neue Arbeitsplätze zu schaffen.

Risiken und Nebenwirkungen
– Die Erfahrung lehrt, daß aus den Förderprogrammen vor allem jene Firmen Nutzen ziehen werden, die ihn eigentlich nicht brauchen, weil sie bereits gutsituiert sind. Steuermittel werden erneut für die Begünstigung bessergestellter Unternehmen verwendet.

□ Wir schlagen vor

– Es wird für unbürokratische Rahmenbedingungen und finanzielle Entlastungen gesorgt, damit eine neue Dynamik entsteht, Wachstum und Beschäftigung dauerhaft gesichert sind.
– Kleinunternehmen, Existenzgründerinnen und Existenzgründer sollen durch Abbau unnötiger Bürokratie bei der Buchführung und bei der Gewerbe- und Umsatzsteuer entlastet werden. (Die Aufwendungen = Kosten dafür stehen häufig in keinem angemessenen Verhältnis zu den erzielten Umsätzen.)
– Es werden nur die Förderprogramme in Gang gesetzt, die auch den beabsichtigten Effekt bringen. Das betrifft vor allem den Einsatz ausgereichter Kredite. Ihre Verwendung muß an die Kennziffern Dynamik, Wachstum, Beschäftigung und Ausbildung gebunden werden.

Effekte
– Bürokratie wird abgebaut, die Buchführung vereinfacht und damit Millionen gespart, die die mittelständischen Unternehmen für ihre Stabilisierung und Entwicklung einsetzen können.
– Es werden Mittel frei für die Förderung von Beschäftigung auf dem ersten Arbeitsmarkt.

Handwerk hat goldenen Boden

Das schien lange Zeit aus dem Blick geraten zu sein, weil der Hang, rasch und durch möglichst wenig, aber vor allem saubere Arbeit Geld zu verdienen, weit verbreitet war und ist. Wenn in der Öffentlichkeit zudem der Eindruck vermittelt wird, daß sich ehrliche Arbeit weder lohnt (»Der Ehrliche ist immer der Dumme«) noch anerkannt wird, orientieren sich junge Leute eben anders. Und nicht zu vergessen: Wenn die Ausbildung von Lehrlingen, die heute mit dem Wortungetüm »Auszubildende« tituliert werden, an unzählige Vorschriften und Bedingungen geknüpft ist, muß man sich nicht wundern, wenn dort wenig bis nichts passiert.

Die Folge ist ungenügende Qualifikation.

Damit gerät ein ganzer Zweig der Volkswirtschaft nicht nur in gesellschaftlichen Verruf, sondern auch aufs Abstellgleis.

Bundeskanzler Gerhard Schröder erklärte am 14. März 2003 bei der Vorstellung der »Agenda 2010« nicht ganz grundlos: »Wir müssen das Handwerksrecht modernisieren und so verschlanken, damit es im Handwerk wieder mehr Existenzgründungen gibt, mehr Arbeitsplätze entstehen und die, die es gibt etwa durch erleichterte Betriebsübernahmen besser gesichert werden können, als das in der Vergangenheit der Fall war.«

■ Was sieht die »Agenda 2010« zu diesem Thema vor?

– Das neue Handwerksrecht will Existenzgründungen im Handwerk erleichtern, mehr Innovationen in Handwerksbetrieben ermöglichen und die Ausbildung im Handwerk attraktiver machen. Es erfolgt eine entsprechende Novellierung der Handwerksordnung.

– 62 Handwerke werden vom Meisterzwang befreit. Nach der gültigen Handwerksordnung ist der Meisterbrief die Voraussetzung für die Gründung oder Übernahme eines Handwerksbetriebes. Diese Regelung gilt künftig nur noch für gefahrgeneigte Bereiche. Das heißt, Handwerksgesellinnen und -gesellen können ohne Meisterbrief ein Unternehmen gründen, wenn bei den auszuführenden Tätigkeiten keine Gefahren für die Gesundheit oder das Leben Dritter bestehen. Insgesamt werden 62 der 94 Handwerksgewerbe, unter anderem Maler und Lackierer, Raumausstatter und Friseure, zu den »Zulassungsfreien Handwerksgewerben« gezählt. In diesen Handwerken kann der Meistertitel jedoch freiwillig erworben werden. Er wird dann zum Qualitätssiegel für den Betrieb und seine Beschäftigten. Geselleniahre als Voraussetzung für die Zulassung zur freiwilligen Meisterprüfung entfallen.

– Anders ist es bei Gewerken, die Gefahren für die Gesundheit oder das Leben mit sich bringen können (zum Beispiel Installateure, Elektriker, Augenoptiker). Dies sind »zulassungspflichtige Handwerke« – der Meisterbrief ist nach wie vor Voraussetzung zur Gründung eines Handwerksbetriebes. Gesellinnen und Gesellen dieser Handwerke können allerdings unter bestimmten Bedingungen ebenfalls ohne Meisterbrief das Handwerk ausüben: Sie müssen zehn Jahre Berufserfahrung besitzen, davon fünf Jahre in herausgehobener, verantwortungsvoller oder leitender Stellung.

– Das Inhaberprinzip, wonach Besitzer eines Handwerksbetriebes selbst Meister sein müssen, soll gänzlich fallen. Bisher war es nur juristischen Personen (Kapitalgesellschaften) möglich, handwerkliche Betriebe zu gründen und zu übernehmen, ohne daß sie selbst den Meisterbrief besitzen.

– Nun wird diese Möglichkeit auch natürlichen Personen und Personengesellschaften eröffnet. Ausreichend ist im zulassungspflichtigen Handwerk, wenn ein Betriebsleiter mit Meisterbrief beziehungsweise einer Ausnahmebewilligung eingestellt wird. Nachfolgeprobleme im Handwerk werden dadurch erheblich entschärft.

Wenn die Meisterprüfung und das Inhaberprinzip als Hürde für Existenzgründungen im Handwerk abgeschafft werden, kann dies zu mehr Neugründungen und zu einer besseren Versorgung der Kunden führen. Insbesondere bei Kleinaufträgen soll so Schwarzarbeit vermieden werden. Auch Ingenieurinnen und Ingenieure sowie staatlich geprüfte Technikerinnen und Techniker werden unter erleichterten Bedingungen zur selbständigen Handwerksausübung zugelassen.

– Der Start in die Selbständigkeit bei anderen Existenzgründerinnen und -gründern, zum Beispiel bei der Gründung einer Ich-AG, und die damit verbundene Suche nach einer Geschäftsidee wird ebenfalls erleichtert. Durch die geplante Präzisierung dessen, was wesentliche Tätigkeiten eines Handwerksgewerbes und was »einfache Tätigkeiten« sind, wird für die Existenzgründerinnen und -gründer eine größere Rechts- und Planungssicherheit erzielt. In 2 bis 3 Monaten erlernbare Tätigkeiten werden als »einfache Tätigkeiten« eingestuft und eignen sich daher für den Weg in die Selbständigkeit.

– Die Attraktivität einer Ausbildung im Handwerk wird durch die geschilderten Maßnahmen erhöht. Gesellinnen und Gesellen haben zukünftig mehr Möglichkeiten der beruflichen Entwicklung, wie breitere Tätigkeitsfelder, Selbständigkeit ohne Erfordernis der Meisterprüfung und freiwilliger Erwerb des Meistertitels als Qualitätssiegel EU-Dienstleistungsfreiheit.

– In der Europäischen Union (EU) herrschen Niederlassungs- und Dienstleistungsfreiheit. Dadurch können Handwerkerinnen und Handwerker der EU ihre Dienste auf dem gesamteuropäischen Markt, also auch in Deutschland, anbieten. Nichtdeutsche Handwerkerinnen und Handwerker brauchen weniger formale Voraussetzungen, um einen Betrieb zu gründen.

– Existenzgründerinnen und -gründer werden in den ersten vier Jahren ganz beziehungsweise gestuft von den Kammerbeiträgen freigestellt, wenn ihr Gewerbeertrag einen bestimmten Betrag nicht übersteigt. Voraussetzung hierfür ist, daß der Gewinn 25.000 Euro nicht übersteigt.

Risiken und Nebenwirkungen

– Der Öffentlichkeit wird der Eindruck vermittelt, daß das Handwerk der politischen Klasse am Herzen läge. Die Frage liegt auf der Hand, ob die Befreiung von 62 Handwerken vom Meisterzwang dazu dienen soll, die gesetzlichen Bestimmungen zu ändern, die der Gründung von »Ich-AG« im Wege stehen. »Ich - AG« ist der Weg, um die gesellschaftliche Verantwortung weiter zu individualisieren.

– Ob die Maßnahmen Einsparungen oder zusätzliche Arbeitsplätze bringen, ist fraglich. Aber daß der »neue« Handwerker seine Leistungen zu Dumpingpreisen anbietet, um den Etablierten Marktanteile abzuringen, ist vorstellbar. Das wird die Lage der »Standesgemäßen« verschlechtern, die zur Zeit noch Arbeitsplätze und Ausbildungsplätze stellen. Es entsteht Verdrängungswettbewerb.

– Außerdem ist nicht vorauszusehen, welche Auswirkungen das »neue« Handwerk auf Gewährleistungen haben wird.

– Schließlich muß darauf aufmerksam gemacht werden, was mit dem »neuen« Handwerker geschieht, wenn er die »Feuertaufe« in der freien Wirtschaft nicht besteht: Er kann sich dann – wie jede gescheiterte Ich-AG – auf dem Sozialamt melden. Die von ihm Beschäftigten sind bessergestellt: Sie können Arbeitslosengeld beziehen.

□ Wir schlagen vor

– Es werden Reglementierungen der Handwerksbetriebe aufgehoben und diese von unnötigen Beiträgen und befristet von Gewerbesteuern und Umsatzsteuervorauszahlungen befreit.
– Die Kommunen sind finanziell so zu stellen, daß sie Aufträge zur Erhaltung und Verbesserung der Wohnumfeldgestaltung und der Infrastruktur an regionale Wirtschafts- und Handwerksbetriebe vergeben können. Handwerksentwicklung gehört zur Entwicklung regionaler Wirtschaftsstrukturen. In dem Maße, in dem das Geld in der Region und in der Kommune bleibt, wird es dem Handwerk gut gehen. Es wird selbst zum Träger von Wohlstand der Kommune. Dazu ist allerdings auch das Vergabegesetz entsprechend zu ändern.
Während es dem Handwerk der DDR an Material und Arbeitskräften mangelte, leidet das Handwerk der Bundesrepublik an unzureichender Auftragslage. Die Möglichkeit, daß die Kommunen Aufträge an das Handwerk finanzieren und erteilen können, kann hier helfen.

Effekte

– Reduzierter Verwaltungsaufwand spart Zeit und damit Geld.
– Zielgerichtete, zweckgebundene Unterstützung hilft ebenfalls sparen und erhöht, bei florierender Tätigkeit, die Steuereinahmen.
– Wenn das Geld in den Regionen und Kommunen bleibt, profitiert das Handwerk. Die erklärten Maßnahmen würden überflüssig. Das wiederum sparte Millionen Euro Verwaltungsaufwand, und Milliarden Euro Fördermittel würden nicht benötigt.
– Außerdem wären Steuereinnahmen in Millionenhöhe sicher.

Verbesserung der kommunalen Infrastruktur

Die kommunalen Infrastrukturen existieren. Aufgabe der Kommunalpolitik ist es, entweder die bestehenden zu erhalten oder dort, wo es nottut, sie zu entwickeln oder zu verbessern.

Eine Kommune, die über ausreichend Umgehungsstraßen und Radwege, öffentliche Toiletten, Laternen, Fußgängerzonen, Bushaltestellen, Handwerksbetriebe, Geschäfte, Kultureinrichtungen etc. verfügt, muß nicht noch weitere Umgehungsstraßen und Radwege, öffentliche Toiletten, Laternen, Fußgängerzonen, Bushaltestellen, Handwerksbetriebe, Geschäfte, Kultureinrichtungen etc. einrichten bzw. anlegen.

Sie ist aber aufgerufen, fortgesetzt darüber nachzudenken, wie bestehende Einrichtungen noch besser genutzt werden können.

Wie kann die Kommune mit dem, was ist, Geld erwirtschaften und die lokale Wirtschaft stärken?

Ist die Abwasseranlage vielleicht überdimensioniert, ist eine Mülldeponie vielleicht günstiger als eine Müllverbrennungsanlage?

Ist es eventuell sinnvoller, statt einen neuen Gewerbepark zu errichten (Erschließungskosten, Verlust an Natur usw.) einen bereits bestehenden zu entwickeln?

Könnte die Übernahme eines totgelegten Nebengleises der Bundesbahn sinnvoller sein als der Ausbau einer Ausfallstraße?

Wie lassen sich die vorhandenen Betriebe o. ä. in die Regionalwirtschaft einbinden? Können geschlossene Kreisläufe in der Region entwickelt werden?

Wie lassen sich, sofern die geographische Voraussetzungen gegeben sind, touristische Zweige entwickeln?

Ein vollständiger Umstieg des Güterverkehrs von der Straße auf die Schiene ist objektiv unmöglich: Es hieße, von jenem Produzenten bis zu jedem Abnehmer ein Gleis legen. Es geht also um eine hinreichend vernünftige Kombination von Straßen- und Schienentransport, die von den Kommunen gesteuert werden kann.

■ Was sieht die »Agenda 2010« zu diesem Thema vor?

- Das Programm »Wachstumsimpulse« soll die Finanz- und Investitionskraft der Kommunen stärken.

Risiken und Nebenwirkungen

- In bezug auf die Abwasserentsorgung fehlen Alternativen zu den teuren zentralen Abwasseranlagen der Abwasserzweckverbände.

□ Wir schlagen vor

- Umdenken bei Transportfragen: Ausbau der Schiene vor der Straße, Verlegung des Gütertransports auf die Schiene.
- Intensivere Nutzung der Wasserstraßen, wo es möglich ist (Ausbau der Wasserstraßen, das zeigte die Vergangenheit, erhöht das Risiko von Hochwasser).
- Herstellung regionaler Wirtschaftskreisläufe, um Transport- und damit Energieaufwand zu senken.

Effekte

- Das Verlagern der Transporte auf die Schiene und das Wasser entlastet das überbeanspruchte Autobahn- und Straßenverkehrsnetz, es reduziert den Energieverbrauch und entlastet die Umwelt.
- Eine intakte Infrastruktur erhöht das Wohlbefinden der Bewohner und verhindert Fluktuation und Aussiedlung.

Modernisierung von Wohnraum

Die DDR beschloß 1973 ein Wohnungsbauprogramm. Bis 1990 sollte die Wohnungsfrage als »soziales Problem« gelöst werden. Die SED-Führung begriff dieses Thema als ein zentrales Anliegen der Gesellschaft und handelte entsprechend.

Natürlich wurde in der DDR zu allen Zeiten gebaut, nicht erst nach 1973. Allerdings mußte man sich auch zu allen Zeiten nach der Decke strecken. Im Osten Deutschlands waren mindestens so viele Städte während des Krieges zerstört worden wie im Westen. Im Osten zahlte man aber noch Reparationen (und das für den Westen mit), als dort bereits mit Marshallplan-Hilfe die Wirtschaft angekurbelt wurde.

Im Unterschied zum Westen wurde auch der Wohnungsbau nach volkswirtschaftlichen Erwägungen realisiert. Ein Beispiel: Schwedt lag nicht nur an der Oder, sondern auch in einer wirtschaftlich unterentwickelten Region. Es wurden dort ein Petrolchemisches Kombinat (PCK) sowie andere Betriebe errichtet, um Arbeit in die Gegend zu bringen. Zwangsläufig baute man auch Wohnungen. So entstand eine lebendige, wirtschaftlich florierende Kommune, die auf die Region ausstrahlte. Nach dem Ende der DDR wurde auch dort ein Betrieb nach dem anderen geschlossen. Vor einigen Jahren begann man, die Wohnhäuser abzureißen, weil die Menschen abgewandert waren. Schwedt konnte für sich reklamieren, als erste Stadt in Deutschland systematisch Wohnraum in Größenordnung zu liquidieren.

Auf der Internet-Homepage der 50.000-Einwohner-Stadt heißt es dazu beschönigend: »Schwedt/Oder verfolgt ein Pilotprojekt zum *Rückbau und zur Neuordnung von Wohnquartieren* [...] Gemeinsam mit den Wohnungsunternehmen hat die Stadt Strategien entwickelt, um die Wohngebiete zukünftigen Erfordernissen anzupassen und dem Wohnungsleerstand entgegenzuwirken. Wichtigste Zielsetzung für die Vitalisierung dieser Stadtteile ist die Anpassung des Wohnungsangebotes an den Wohnbedarf. Ergänzt werden die Maßnahmen durch Modernisierung und Instandsetzung, Maßnahmen zur Wohnumfeldverbesserung und Funktionsergänzungen. Dieser Prozeß der Stadtreparatur wird einen Zeitraum von 15 Jahren benötigen.«

Bundeskanzler Gerhard Schröder erklärte, daß die Programme zu mehr Investitionen führen und somit insbesondere in der Bauwirtschaft Arbeitsplätze schaffen werden. »Es kommt den Bürgerinnen und Bürgern und denen unmittelbar zugute, die in kleinen und mittelständischen Betrieben arbeiten.« Das Programm »Wohnraum-Modernisierung 2003« fördere die Instandsetzung von selbstgenutzten und vermieteten Wohngebäuden. Doch wenn die Abwanderung von Ost nach West ungebremst weitergeht: Für wen soll da modernisiert werden? Steht da nicht eher das Modell Schwedt auf der Tagesordnung?

■ Was sieht die »Agenda 2010« zu diesem Thema vor?

– Die zinsverbilligten Darlehen sind seit April 2003 abrufbar. Die Bundesregierung stellt Haushaltsmittel von insgesamt 1,03 Milliarden Euro bereit. Damit können Kredite im Gesamtvolumen von rund 15 Milliarden Euro zu deutlich günstigeren Konditionen von der KfW-Mittelstandsbank vergeben werden.

– Aufgelegt werden das KfW-Wohnraum-Modernisierungsprogramm mit Förderung von Wohneigentum und Wohnraum-Modernisierung, das KfW-Programm zur CO_2-Minderung, das KfW-CO_2-Gebäude-Sanierungsprogramm, Darlehen aus dem 100.000-D-Solarstrom-Programm, Darlehen für erneuerbare Energien, Sonderprogramm *Hochwasser 1* für Privateigentümer von Häusern und Wohnungen, Sonderprogramm *Hochwasser 2* für Wohnungsunternehmen und -genossenschaften als Eigentümer von Wohnraum.

Risiken und Nebenwirkungen

– Für die »Kleinen« bergen die Programme die Gefahr der Überschuldung, für die »Großen« sind sie willkommen. Sie können den größeren Teil ihres Kapitals gewinngünstig einsetzen, um mit dem kleineren Teil für die Eigenbeteiligung risikolos zinsgünstige Darlehen zu erlangen. Bereits Privilegierte werden aus Steuergeldern erneut gefördert.

□ Wir schlagen vor

– Im Osten finanzieren den Abriß nicht die Steuerzahler, sondern diejenigen, die durch ihre Politik den Wegzug der Leute zu verantworten haben.

Effekte

– Die Mittel für Neubau und Modernisierung werden gekürzt.

Kündigungsschutzrecht bleibt

Bundeskanzler Gerhard Schröder konstatierte in seiner Regierungserklärung am 14. März 2003: »Es ist dringend notwendig, den Kündigungsschutz für Arbeitnehmerinnen und Arbeitnehmer sowie für die Unternehmen besser handhabbar zu machen. Insbesondere für Kleinbetriebe mit mehr als fünf Mitarbeiterinnen und Mitarbeitern muß die psychologische Schwelle bei Neueinstellungen überwunden werden.«

Diese Aussage kann jeder unterschreiben. Nicht akzeptabel sind jedoch die Änderungen beim Kündigungsschutz, die seit Januar 2004 gelten. Es geht darum, das Arbeitsrecht beschäftigungsfördernd zu erneuern. Die Interessen der Unternehmen an größerer Flexibilität einerseits und die sozialen Schutzbedürfnisse der Arbeitnehmerinnen und Arbeitnehmer sowie die Interessen der Arbeitsuchenden müssen gleichermaßen berücksichtigt werden.

■ Was sieht die »Agenda 2010« zu diesem Thema vor?

– Der Schwellenwert für den Kündigungsschutz bei Kleinbetrieben soll flexibilisiert werden. Für Handwerks- und Kleinbetriebe bis zu 5 Beschäftigten sollen Neueinstellungen erleichtert werden. Sie sollen künftig zusätzlich befristete Beschäftigte einstellen können, ohne daß der Kündigungsschutz ausgelöst wird. Unternehmen müssen nun also nicht mehr auf Überstundenarbeit ausweichen, um vorübergehenden Arbeitskräftebedarf zu decken. Die Regelung soll zunächst bis zum 31. Dezember 2008 gelten.

– Bei betriebsbedingten Kündigungen wird die Sozialauswahl auf drei Kriterien begrenzt: Dauer der Betriebszugehörigkeit, Lebensalter und Unterhaltspflichten des Arbeitnehmenden. Leistungsträger können davon ausgenommen werden.

– Bei einer betriebsbedingten Kündigung soll es künftig neben der bisherigen Kündigungsschutzklage zusätzlich ein Verfahren für eine einfache, effiziente und kostengünstige vorgerichtliche Klärung der Beendigung des Arbeitsverhältnisses geben. Der gekündigte Arbeitnehmende kann wählen, ob er Kündigungsschutzklage erhebt oder statt dessen die gesetzliche Abfindung in Höhe von einem halben Monatsgehalt pro Beschäftigungsjahr nimmt. Voraussetzung ist, daß der Arbeitgeber die Kündigung auf betriebsbedingte Gründe stützt und den Arbeitnehmenden im Kündigungsschreiben auf den Abfindungsanspruch hinweist. Das macht die Kündigung für den Arbeitgeber berechenbar und vermeidet langwierige Prozesse, in denen es letztlich nur um die Abfindung geht.

– Die gerichtliche Überprüfung der Sozialauswahl wird bei Vorliegen einer zwischen Arbeitgeber und Betriebsrat vereinbarten Namensliste auf grobe Fehlerhaftigkeit beschränkt. So wird die Rechtssicherheit für alle Beteiligten erhöht.

– Neu gegründete Unternehmen erhalten in den ersten 4 Jahren nach der Aufnahme der Erwerbstätigkeit die Möglichkeit, befristete Arbeitsverträge ohne sachlichen Befristungsgrund bis zur Dauer von 4 Jahren abzuschließen. Dadurch wird Existenzgründenden die Entscheidung zu Einstellungen erheblich erleichtert. Für die Arbeitnehmenden kann die zunächst befristete Beschäftigung eine Brücke in eine Dauerbeschäftigung sein.

Risiken und Nebenwirkungen

– Wir bezweifeln, ob die Interessen der Unternehmen nach größerer Flexibilität, die sozialen Schutzbedürfnisse der Arbeiterinnen und Arbeiter und die Interessen der Arbeitsuchenden ausgewogen berücksichtigt werden. Der Kündigungsschutz ist seinerzeit erstritten worden. Diese Errungenschaft war bestimmt ausgewogener als die jetzt vorgeschlagene. Der eindeutige Nutznießer werden die Unternehmen sein. Wir bestreiten nicht, daß für sie der Wegfall des Kündigungsschutzes im Einzelfall günstig sein kann, zum Beispiel bei der Entlassung von weniger zuverlässigen Arbeitnehmern.

– Das Einführen eines zusätzlichen Verfahrens für eine einfache, effiziente und kostengünstige vorgerichtliche Klärung der Beendigung des Arbeitsverhältnisses bringt zusätzliche Bürokratie mit sich.

– In der übergroßen Mehrheit werden die lohnabhängig Beschäftigten die Zeche bezahlen: Die Streichung der sozialen Errungenschaft »Kündigungsschutz« wird in erster Linie der Profitmaximierung dienlich sein. Die Unternehmen können sich zukünftig aufwendige Arbeitsrechtsverfahren ersparen.

– Mit fehlendem oder reduziertem Kündigungsschutz wird den Unternehmen freie Hand zur Kündigung gegeben. Die Zahl der Entlassungen könnte anwachsen, was wiederum zur Belastung der Versorgungssysteme führt.

– Die angeblichen Vorteile für Existenzgründerinnen und -gründer sehen wir nicht. Hier werden Existenzgründungen nicht als ein Weg und eine Chance für den Einstieg ins Wirtschaftsleben dargestellt. Jetzt werden sie zu Auffanglösungen für Arbeitslose.

□ Wir schlagen vor

– Der Kündigungsschutz bleibt für Unternehmen, Hochschulen und Institute, Schulen und soziale Einrichtungen bestehen.
– Der Kündigungsschutz im Staats- und öffentlichen Dienst kann abgeschafft werden. Hier gelten andere Kriterien. Wir denken an den Gesellschaftsvertrag zwischen Volk und Bundesregierung.
– Geprüft werden kann das Schließen von Lücken im Kündigungsschutz, um langwierige und kostenintensive Arbeitsrechtsverfahren im Falle von berechtigten Kündigungen zu vermeiden.

Effekte

– Das Beibehalten des Kündigungsschutzes machte Arbeitsplätze sicherer und bremste Entlassungen aus Gründen der Profitoptimierung.
– Neue Bürokratie für neue arbeitsrechtliche Regelungen könnten verhindert werden.
– Die Einführungskosten würden eingespart.

Die Menschen wieder in Arbeit bringen

Arbeitslosigkeit ist das zentrale Problem Deutschlands. Es muß von allen, die Verantwortung tragen, alles getan werden, neue Arbeitsplätze zu schaffen und Existenzgründungen zu erleichtern. Die Bundesregierung stellt fest, daß die Verkrustungen am deutschen Arbeitsmarkt und in der Arbeitsvermittlung wesentlich dazu beigetragen haben, daß Arbeitslose in Deutschland im Durchschnitt länger ohne Job wären als in anderen Ländern und der Arbeitsmarkt insgesamt weniger dynamisch sei. Dieses Problem werde die Bundesregierung im Rahmen der »Agenda 2010« entschlossen anpacken, um mehr Menschen schneller wieder in Arbeit zu bringen. Sie wolle dabei die Vorschläge der »Hartz-Kommission« zügig umsetzen.

Die Bundesregierung argumentiert: »Mehr Jobs schaffen, das ist das Hauptziel der ›Agenda 2010‹. Denn die anhaltend hohe Arbeitslosigkeit ist nicht nur bedrückend für die Betroffenen, sie belastet auch die öffentlichen Haushalte und bringt die Sozialsysteme an die Grenzen ihrer Leistungsfähigkeit. Wichtigste Voraussetzung, um mehr Arbeitsplätze zu schaffen, ist die Ankurbelung der Wirtschaft. Die konjunkturelle Schwäche der letzten Jahre hatte vor allem weltwirtschaftliche Ursachen, doch gibt es auch im eigenen Land viel zu tun, um eine größere wirtschaftliche Dynamik zu erzeugen.«

Es ist nichts dagegen zu sagen. Aber genügen die Maßnahmen der »Agenda 2010«?

Die »Agenda 2010« und vergleichbare »Reformkonzepte« versuchen ausschließlich die Symptome zu bekämpfen. Man doktert am Detail.

■ Was sieht die »Agenda 2010« zu diesem Thema vor?

– Seit dem 1. Januar 2003 können Arbeitslose, die sich selbständig machen wollen, eine Ich-AG gründen. Sie erhalten drei Jahre lang Zuschüsse, die ihnen helfen, die erste schwierige Phase der Selbständigkeit zu bestehen und die Sozialbeiträge bezahlen zu können. Das Jahreseinkommen darf dabei 25.000 Euro nicht übersteigen. Die Höhe des Existenzgründungszuschusses beträgt im ersten Jahr monatlich 600 Euro, im zweiten Jahr 360 Euro und im dritten Jahr monatlich 240 Euro. Gefördert werden vormalige Bezieher von Arbeitslosengeld und Arbeitslosenhilfe oder Beschäftigte in Arbeitsbeschaffungsmaßnahmen und Strukturanpassungsmaßnahmen, die eine selbständige Tätigkeit aufnehmen.

– Das neue Programm »Kapital für Arbeit« ist ein Angebot an kleine und mittelständische Unternehmen in Deutschland. Es greift die von der Hartz-Kommission vorgeschlagene Idee des »Job-Floaters« auf. Unternehmen, die bereit sind, Arbeitslose, von Arbeitslosigkeit Bedrohte oder geringfügig Beschäftigte dauerhaft in ein sozialversicherungspflichtiges Beschäftigungsverhältnis einzustellen und dafür einen Finanzierungsbedarf haben, können einen Kredit erhalten. Einzige Voraussetzungen sind Kreditwürdigkeit und positive Zukunftsaussichten des Unternehmens.

– Im Vorgriff auf das neue Arbeitslosengeld II wurde das Sonderprogramm »Arbeit für Langzeitarbeitslose« aufgelegt: Es läuft vom 1. September 2003 bis zum 31. August 2005. Gefördert werden 100.000 Langzeitarbeitslose, die über 25 Jahre alt sind.

– »Jump Plus«, ein Programm zur Bekämpfung von Jugendarbeitslosigkeit, läuft vom 1. Juli 2003 bis zum 31. Dezember 2004. Die Bundesregierung will damit weitere 100.000 junge Leute zwischen 15 und 25 Jahren in Arbeit oder Qualifizierung bringen.

– Im internationalen Vergleich scheiden deutsche Arbeitnehmerinnen und Arbeitnehmer relativ früh aus dem Erwerbsleben aus. Dieser Trend der Frühverrentung muß gestoppt werden: Das entlastet die Rentenversicherung und senkt die Lohnnebenkosten.

– Der Schwerpunkt des Langzeitarbeitslosenprogramms liegt in strukturschwachen Regionen und damit vornehmlich in den ostdeutschen Bundesländern. Die Zahl der Langzeitarbeitlosen lag dort im Mai 2003 um 175.000 (oder 13,4 Prozent) höher als noch vor einem Jahr.

– Die Umsetzung des Programms »Jump Plus« erfolgte im Vorgriff auf die geplante Zusammenlegung von Arbeitslosen- und Sozialhilfe. Es werden zusätzliche Sachbearbeiter zur Betreuung der Arbeitslosen eingestellt, die dem zukünftigen »Fallmanager« entsprechen. Den Geförderten bleibt dadurch der Gang auf zwei Ämter erspart.

– Außerdem übernimmt der Bund sogenannte Fallpauschalen zur Durchführung kommunaler Beschäftigungsmaßnahmen. Das sind für ein versicherungspflichtiges Beschäftigungsverhältnis rund 800 Euro monatlich pro geförderten Teilnehmer.
– Das Programm »Jump Plus« mit einem Volumen von 860 Millionen Euro enthält auch mittelbare finanzielle Anreize für die Sozialhilfeträger. Werden die entsprechenden Angebote in Anspruch genommen, verringert sich die Hilfe zum Lebensunterhalt entsprechend dem Entgelt und entlastet dadurch die Kommunen. Mittel des Europäischen Sozialfonds in Höhe von 200 Millionen Euro stehen zur Kofinanzierung bereit, außerdem werden die Ausgaben für Arbeitslosenhilfe um rund 275 Millionen Euro entlastet.
– Mit einer besseren Betreuung der Arbeitslosen oder Sozialhilfeempfänger sollen einerseits die Chancen für Langzeitarbeitslose zur Eingliederung in den ersten Arbeitsmarkt verbessert werden. Zum andern soll der Zugang zu insbesondere kommunalen Beschäftigungsangeboten mit Qualifizierungsanteilen gefördert werden.

Risiken und Nebenwirkungen
– Die sogenannten weltwirtschaftlichen Ursachen kommen nicht von allein. Sie werden von Aktiven erzeugt. Das wiederum sind eindeutig die mächtigen Wirtschaftsnationen. Fazit: Die Verursacher nennen die Ursachen nicht.
– Es wird hervorgehoben, daß die »Agenda 2010« ein ganzes Bündel von Vorhaben enthält: Von rechtlichen Änderungen, die bisherige Verkrustungen beseitigen, über Investitionsanreize bis zu den großen Reformen bei den Sozialsystemen. Sie lösen aber das Problem nicht grundlegend, sondern schaffen neue. Wir haben darauf bereits bei der rechtlichen Veränderung des Kündigungsschutzes hingewiesen. Von den großen Reformen der Sozialsysteme befürchten wir eher Verlust als Gewinn für die Betroffenen. Die euphorische Ankündigung paßt auch nicht zusammen mit dem Dauerappell an alle, den Gürtel enger zu schnallen.
– Wir meinen, daß Arbeitslosigkeit aus der Marktwirtschaft kommt. Wie der Warenmarkt, so ist auch der Arbeitsmarkt übersättigt. Wer für Vollbeschäftigung kämpfen will, der wird mit Reformen der »Agenda 2010« nicht viel erreichen.
– Die zusätzlichen Sachbearbeiterinnen und Sachbearbeiter zur

Betreuung der Arbeitslosen, die dem zukünftigen »Fallmanager« entsprechen, sind ein »überzeugender Beitrag« für Bürokratie- und Stellenabbau.
– Das Programm »Kapital für Arbeit« scheint nur ungenügend zu funktionieren. Bis September 2003 sind lediglich 7.095 neue Beschäftigungsverhältnisse anstelle der geplanten 50.000 entstanden.[31] Insgesamt betrachtet dienen die Maßnahmen eher dem Bereinigen der Arbeitslosenstatistik als dem Bekämpfen der Arbeitslosigkeit.

☐ Wir schlagen vor

– Es wird ein Programm der Beschäftigung aufgelegt, das die verschiedenen Sektoren des Arbeitsmarktes berücksichtigt und zusammenführt. Ein Weg könnte die Entlastung des ersten Arbeitsmarktes durch die Einführung des öffentlich finanzierten Beschäftigungssektors und die Förderung der selbständigen Arbeit sein.
– Ein zweiter Weg ist die kräftigere finanzielle Ausstattung der Kommunen und Regionen für das Beleben der regionalen Wirtschaftsstrukturen. Regionale Wirtschaftskreisläufe müssen keine Utopien sein. Voraussetzung dafür ist das gesetzliche Eindämmen der Monopolstellung von überregionalen Ketten.
– Es werden Maßnahmen eingeführt, die, wie in der DDR, die Vollbeschäftigung sichern. Dazu bedarf es jedoch gesellschaftlicher Veränderungen, für die es zur Zeit keine realen Erfolgsaussichten gibt.

Effekte

– Mit einem öffentlich finanzierten Beschäftigungssektor bekommen Arbeitssuchende eine echte Chance. Außerdem zahlen sich bereits eingesetzte Mittel für Weiterbildung nachträglich aus.
– Die Kommunen und Regionen werden wirtschaftlich und finanziell unabhängiger. Sie erhalten die Chance, sich ihre Kassen für die Erfüllung sozialer Aufgaben selbst zu füllen.
– Berücksichtigt werden muß, daß bei Vollbeschäftigung und sozialer Absicherung die Ausgaben für Maßnahmen, die den Auswirkungen des sozialen Abstiegs durch Erwerbslosigkeit, wie Obdachlosigkeit, Sucht, Krankheiten und Unfälle in Folge psychischer Belastung, entgegenwirken, drastisch gesenkt werden können.

Die Minijobs bringen nichts

Die Bundesregierung argumentiert, daß sie am 1. April 2003 den richtigen Weg eingeschlagen habe. Bis zum 30. Juni 2003 seien bereits 930.000 Minijobs entstanden. Angeblich belegt die Zahl, daß Unternehmen, Arbeitnehmende und vor allen Dingen auch Arbeitslose die Chancen aktiv aufgegriffen und genutzt haben.

Dabei wird ausgeblendet, daß dieser Vorgang vergleichbar ist mit der Situation eines Ertrinkenden, der nach jedem Strohhalm greift. Egal, ob er ihn trägt oder nicht. Die Annahme, daß es hierzulande Millionen gebe, die zwar arbeiten wollen, aber aus verschiedenen Gründen dies nur halbtags oder nur stundenweise tun *wollen*, ist so antiquiert und weltfremd wie nur irgendwas.

■ Was sieht die »Agenda 2010« zu diesem Thema vor?

– Die monatliche Verdienstgrenze für geringfügig entlohnte Beschäftigungen beträgt nun 400 Euro statt 325 Euro. Gleichzeitig entfällt die zeitliche Begrenzung von wöchentlich 15 Stunden.
– Es wird eine Pauschalabgabe von 25 Prozent erhoben: 12 Prozent für die Rentenversicherung, 11 Prozent für die Krankenversicherung sowie eine einheitliche Pauschalsteuer von 2 Prozent.
– Versicherungsfreie Minijobs in Privathaushalten werden besonders gefördert. Die Pauschalabgaben liegen hier bei nur 12 Prozent. Zudem kann der Arbeitgeber 10 Prozent seiner Aufwendungen, höchstens 510 Euro jährlich, von der Steuer absetzen.

Risiken und Nebenwirkungen

– Mit dem Jubel darüber, daß bereits 930.000 Minijobs entstanden und die Millionenmarke bald erreicht sei, täuscht die Bundesregierung vor, daß sie der Lösung des allgemeinen Jobsystems ein großes Stück nähergerückt sei. Wer aber kann von 400 Euro leben, noch dazu, wenn davon Versicherungsbeiträge und eine kleine Pauschale abgehen, also netto 300 Euro im Monat verbleiben? Die Betroffenen müssen also entweder eine »Stütze« beantragen und erhalten oder weitere Minijobs haben.
– Die Einführung der Minijobs ist mit Bürokratie verbunden.
– Die Maßnahme ist geeignet, um Langzeitarbeitslose aus der Statistik zu verdrängen. Auch wenn es sich um geringfügig entlohnte Beschäftigungen handelt, so sind sie von der Zahlung an den Staat und in die Kassen nicht befreit.

– Die Minijobs werden zu einer neuen Quelle der »Abschöpfung« für die Zukunft, denn die gesetzlichen Versicherungen und die Pauschalabgabe können eines Tages für »steigerungsfähig« erklärt werden.

– Die hohen Lohnkosten werden oft dadurch umgangen, indem man Arbeitslose schwarz beschäftigt oder Personen mit Minijobs. Die überschüssige Geldmenge wird ebenfalls cash gezahlt. Davon profitieren beide Seiten. Nur der Fiskus schaut in die Röhre. Deshalb will die Bundesregierung ein Gesetz initiieren, das dieses Vorgehen kriminalisiert (und natürlich Geld in die Staatskasse bringen soll).

Die Financial Times Deutschland sieht das ein wenig anders. Sie lobte die Schwarzarbeit ausdrücklich. 2002 seien ihrer Einschätzung zur Folge dafür 340 Milliarden Euro gezahlt worden. »Das waren immerhin 16 Prozent des Bruttosozialprodukts der Bundesrepublik Deutschland. Und das schwarz verdiente Geld ist auch nicht weg oder wird ins Ausland verschoben, sondern es wird für ›weiße Güter und Dienstleistungen‹ ausgegeben [...] Wesentliche Ursachen liegen ohne Zweifel in den hohen Steuern und Sozialbeiträgen und somit wird die Schwarzarbeit auch vielfach als eine Notwehrreaktion gegen die wachsenden Abgaben, gegen staatliche Überregulierung und Behinderung bewertet [...] Unzweifelhaft steht fest, daß das Problem Schwarzarbeit in Deutschland nur die Kehrseite der Medaille des Reformstaus auf dem Arbeitsmarkt und im Sozialsystem ist. Die Einführung von Minijobs, die Lockerung des Meisterzwangs bei der Gründung eines Handwerksbetriebes oder die Verschärfung beim Leistungsbezug in der Arbeitslosigkeit sind demzufolge auch Versuche, Schwarzarbeit abzubauen. Sie sind in Politik und Wirtschaft heiß umstritten, aber vielleicht sollte man erst einmal losgehen und nicht bis zum Schwarzwerden diskutieren«.[32]

☐ Wir schlagen vor

– Minijobs in Industrie und – mit Einschränkungen – im Handel werden untersagt.

– Minijobs im Dienstleistungssektor sind erlaubt.

Effekte

– Dienstleistungsgesellschaft wird ausgebaut.

– Verwaltungsaufwand wird eingespart und unnötige Förderung vermieden.

Einkommen aus Beschäftigung statt Arbeitslosengeld

Bundeskanzler Gerhard Schröder sagte am 14. März 2003 bei der Vorstellung der »Agenda 2010«: »Der starke Anstieg der Arbeitslosenzahlen erfordert ein konsequentes Handeln für die Stärkung der Wachstumskräfte und ein rascheres Umsetzen der Wachstumsimpulse in neue Beschäftigung. Hierzu müssen auch die Lohnnebenkosten gesenkt werden. Es geht darum, die Belastungen der Menschen in den Betrieben und Büros durch Steuern und Abgaben zu senken [...] Die Senkung der Lohnnebenkosten ist eine Voraussetzung, um den privaten Konsum und unternehmerische Investitionen anzukurbeln – die Grundlage für wirtschaftliches Wachstum und neue Arbeitsplätze [...]

Zur unbefriedigenden Beschäftigungsbilanz in Deutschland hat auch die im internationalen Vergleich relativ niedrige Erwerbsbeteiligung älterer Arbeitnehmerinnen und Arbeitnehmer wesentlich beigetragen. Diese ist nicht zuletzt das Ergebnis der seit den 80er Jahren von den Tarifvertragsparteien und früheren Bundesregierungen praktizierten Politik der Frühverrentung. Dieser Trend soll gestoppt werden [...] Deshalb ist es erforderlich, die Dauer des Anspruchs auf Arbeitslosengeld für ältere Arbeitslose zu kürzen.«

Von dieser Erklärung kann man halten, was man will. Sie sagt überhaupt nichts aus über die Ursachen und wie sie beseitigt werden sollen. Davon ausgehend, daß die Marktwirtschaft die Arbeitslosigkeit verursacht, verursacht sie demzufolge auch das Problem, daß Arbeitslosigkeit bezahlt werden muß. Sie wird aber nicht von den Unternehmen bezahlt, die die Arbeitnehmenden entlassen, sondern von denjenigen, die noch Arbeit haben und deren Zahl immer geringer wird.

Auch die Frühverrentung ist von der Wirtschaft gewollt und wurde von der Regierung durch Sonderprogramme gefördert, die den älteren Arbeitnehmenden das frühere Ausscheiden aus den Unternehmen durch Abfindungen und Ausgleichszahlungen schmackhaft machen sollten. Die Unternehmen können damit die Altersstruktur ihrer Belegschaft positiv beeinflussen und gleichzeitig Personalkosten einsparen. Die Ausgleichszahlungen leisten letztlich die Steuer- und Beitragszahler. Es ist zynisch zu behaupten, das Problem der Frühverrentung könnte durch die Kürzung der Arbeitslosengeld-Bezugszeit aus der Welt geschafft werden.

In diesem Kontext ist es allerdings sinnvoll, daran zu erinnern, daß die Gewerkschaften maßgeblich an der Einführung der Frühverrentung beteiligt waren. In der Annahme, daß ein vorzeitiges Ausscheiden Arbeitsplätze für jüngere freimachte, haben sie ältere Kollegen mit Ausgleichszahlungen gelockt. Die Frührenten wurden insofern vergesellschaftet, als die Rentenkassen die anfallenden Aufwendungen übernahmen. Jetzt, nachdem die Überforderung der Rentenkassen allen sichtbar ist, beklagen u. a. eben jene Gewerkschaften die hohen Beitragssätze, die sie letztlich selber mitverursacht haben.

■ Was sieht die »Agenda 2010« zu diesem Thema vor?

– Die Dauer des Anspruches auf Arbeitslosengeld wird grundsätzlich auf zwölf Monate begrenzt. Arbeitnehmerinnen und Arbeitnehmer, die das 55. Lebensjahr vollendet haben, können Arbeitslosengeld bis zu einer Dauer von höchstens 18 Monaten beanspruchen.

– Die Änderungen sollen generell erst auf Ansprüche auf Arbeitslosengeld Anwendung finden, die 25 Monate (vom Beginn des 26. Monats) nach Inkrafttreten des Gesetzes entstehen. Hierdurch wird sowohl Vertrauensschutzgesichtspunkten als auch dem notwendigen Eigentumsschutz Rechnung getragen.

Risiken und Nebenwirkungen

– Das Versicherungsprinzip wird verletzt. Arbeitnehmer haben oft jahrzehntelang Beiträge an die Arbeitslosenversicherung geleistet, die sie im Versicherungsfall, d. h. Arbeitslosigkeit, nun nicht mehr ausgezahlt bekommen. In der Zivilgesellschaft nennt man diese Praxis gemeinhin Betrug.

– Die Mittel für den privaten Konsum bei Millionen Bürgerinnen und Bürgern werden dadurch reduziert und führen zur Verringerung des Einkommens eines großen Teiles der Bevölkerung, wodurch die Altersarmut gefördert wird. Das wiederum führt zur Schwächung der Kaufkraft. Die Wirtschaft wird dadurch nicht angekurbelt.

□ Wir schlagen vor

– Die Maßnahmen aussetzen, weil sie die Belastungen der Menschen in den Betrieben und Büros durch Steuern und Abgaben nicht senken und den privaten Konsum und unternehmerische Investitionen nicht ankurbeln. Die Bundesregierung gibt für Arbeitslose und Sozialbedürftige jährlich etwa 60 Milliarden Euro aus. Könnte dieses Geld für die Bezahlung gesellschaftlich notwendiger sinnvoller Arbeit eingesetzt werden, ließen sich damit mehr als eine Million Arbeitsplätze finanzieren. Aus Arbeitslosigkeit wird öffentlich geförderte Arbeit gemacht.
– Der Einsatz dieser Arbeitskräfte wird von der neuen Bundesanstalt für Arbeit gesteuert und verwaltet, ohne daß es in dieser Institution zur Erhöhung des Personalbestandes kommt.

Effekte

– Mit 60 Milliarden Euro werden mehr als eine Million Arbeitsplätze für mindestens zwei Jahre finanziert, mit denen vor allem die älteren, von der Industrie ausgestoßenen Arbeitskräfte die Möglichkeit erhalten, ihren Lebensunterhalt durch gesellschaftlich nützliche und sinnvolle Tätigkeit zu bestreiten, die nicht durch Handswerksbetriebe oder vergleichbare Einrichtungen geleistet werden kann.
– Diese Maßnahme stärkt neben dem Selbstwertgefühl der Betroffenen die Kaufkraft und Konsumnachfrage und fördert demzufolge die Entwicklung des Handwerks, der klein- und mittelständischen Betriebe und des Dienstleistungsbereiches.
– Sie erhöht so ganz nebenbei auch das jährliche Steueraufkommen um mindestens 4 Milliarden Euro.

Was geschieht mit der Arbeitslosen- und Sozialhilfe?

Der Bundeskanzler sagte am 14. März 2003 bei der Vorstellung der »Agenda 2010«: »Ich akzeptiere nicht, daß Menschen, die arbeiten wollen und können, zum Sozialamt gehen müssen, während andere, die am Arbeitsmarkt womöglich gar nicht zur Verfügung stehen, Arbeitslosenhilfe beziehen.

Ich akzeptiere nicht, daß Menschen, die gleichermaßen bereit sind zu arbeiten, Hilfen in unterschiedlicher Höhe bekommen. Ich denke, das kann keine erfolgreiche Integration sein [...]

Um diesem Anspruch der ›Agenda 2010‹ gerecht zu werden, sollen Arbeitslosenhilfe und Sozialhilfe zu einer neuen, einheitlichen Leistung zusammengeführt werden. Künftig sollen alle erwerbsfähigen Sozialhilfe- und Arbeitslosenhilfebezieher und Personen, die mit ihnen in einer Bedarfsgemeinschaft leben, Anspruch auf die neue Leistung haben. Erwerbsfähig sind – im Sinne der Definition des Rentenrechts – alle, die mindestens 3 Stunden täglich arbeiten können. Für nicht erwerbsfähige Personen wird es weiterhin Sozialhilfe geben.«

■ Was sieht die »Agenda 2010« zu diesem Thema vor?

– Die neue Leistung soll weitgehend pauschaliert sein und durch eine verbesserte Freibetragsregelung mehr Anreize zur Arbeitsaufnahme geben. Der Freibetrag vom Erwerbseinkommen soll künftig auch die jeweilige Anzahl der Familienmitglieder berücksichtigen, die mit dem erwerbsfähigen Hilfeempfänger zusammenleben und somit der Einkommenssituation von Alleinerziehenden und Familien mit Kindern Rechnung tragen.

– Darüber hinaus sollen bei Beschäftigungsaufnahme verstärkt befristete Arbeitnehmerzuschüsse gewährt werden können. Bei der Vermögensanrechnung soll private Altersvorsorge bei der Feststellung der neuen Leistung in angemessenem Umfang frei bleiben.

– Für den Übergang vom Arbeitslosengeldbezug zu der neuen Leistung soll es einen auf 2 Jahre befristeten degressiven Zuschuß geben. Auch hierbei wird die Familiengröße berücksichtigt. Die neue Leistung umfaßt als Grundleistung Leistungen zum Lebensunterhalt sowie die Eingliederungsleistungen. Sie soll auch

Beiträge zur gesetzlichen Krankenversicherung, sozialen Pflegeversicherung und Rentenversicherung beinhalten.

– Für die Bezieher der neuen Leistung gibt es über die ebenfalls neu einzurichtenden Jobcenter einen einheitlichen Zugang zu allen Leistungen: Beratung, Arbeitsvermittlung und Förderleistungen sowie ein einheitliches Transferleistungssystem. Entsprechend müssen die Hilfebezieher auch mitwirken und zum Beispiel bei Ablehnung einer zumutbaren Arbeit mit Kürzungen der Leistung rechnen.

– Die bisherigen Doppelstrukturen bei der Vermittlung von Arbeitslosen und der Leistungsauszahlung werden beseitigt. Arbeitslosenhilfe gab es vom Bund, Sozialhilfe von den Kommunen. Beide wurden aus Steuermitteln finanziert. Dies führte zu Fehlanreizen (»Verschiebebahnhöfe«).

– Durch eine Zusammenlegung beider Systeme zu der neuen einheitlichen Leistung für erwerbsfähige Langzeitarbeitslose kann der bürokratische Aufwand verringert und die Hilfe für die Betroffenen optimiert werden. Träger der neuen Leistung soll die Bundesanstalt für Arbeit sein.

– Im Vorgriff auf die Zusammenführung von Arbeitslosen- und Sozialhilfe plant die Bundesregierung ein Sonderprogramm für insgesamt 100.000 jugendliche Sozialhilfeempfänger beziehungsweise Arbeitslosenhilfebezieher zwischen 15 und 25 Jahren, die langzeitarbeitslos oder von Langzeitarbeitslosigkeit bedroht sind. Der Programmschwerpunkt soll in strukturschwachen Regionen und somit vornehmlich in den neuen Bundesländern liegen. Aber auch Arbeitsamtsbezirke mit geringer Arbeitslosigkeit werden nicht ausgeschlossen.

– Darüber hinaus bietet das Programm den Kommunen und insbesondere den kommunalen Beschäftigungsträgern einen finanziellen Anreiz, um Arbeit und Qualifizierung für junge Sozialhilfeempfänger anzubieten.

Risiken und Nebenwirkungen

– Wie im vorangegangenen Abschnitt beschrieben, reduzieren die Maßnahmen die Mittel für den privaten Konsum bei Millionen Bürgerinnen und Bürgern. Sie führen zur Verringerung des Einkommens eines Teiles der Bevölkerung. Das wiederum führt zur Schwächung der Kaufkraft. Die Wirtschaft wird dadurch nicht angekurbelt. Anstelle von Arbeit wird die Arbeitslosigkeit finanziert.

☐ Wir schlagen vor

– Die Arbeitslosen- und Sozialhilfe werden nicht zusammengeführt. Damit wird das Problem nicht gelöst. Die Kommunen müssen nach wie vor Sozialleistungen an die nichtarbeitsfähigen Bürgerinnen und Bürger zahlen. Sie würden also durch die Zusammenführung nur von einem Teil dieser Leistung entlastet.
– Es wird der öffentliche Beschäftigungssektor aufgebaut.

Effekte

– Die Gehälter der von der Bundesanstalt für Arbeit geforderten 12.000 zusätzlichen Stellen werden eingespart.

Reformen zum Vorteil der Familien

Bundesfamilienministerin Renate Schmidt wurde und wird nicht müde, auf zahlreiche Vorteile hinzuweisen, die mit den sozialpolitischen Reformen verbunden seien.

Von einer gesellschaftspolitischen Familienförderung, wie sie die DDR kannte, ist die Bundesrepublik trotzdem weit entfernt.

Abgesehen von Geburts- und Kindergeld gab es günstige Kredite für junge Eheleute, die mit Kindern getilgt werden konnten. Dreimal Nachwuchs genügten zum vollständigen Schuldenerlaß. Hinzu kam die flächendeckende Versorgung mit Kinderkrippen und Kindergärten zu niedrigen Tarifen. Die Betreuung setzte sich auch während der Grundschulzeit fort: In den ersten vier Jahren bestand die Möglichkeit des Hortbesuchs. So war es der Mutter möglich, trotz Kind ihre Ausbildung oder ihre Arbeit fortzusetzen. Kinder waren in der DDR weder eine Karrierebremse noch eine unzumutbare Belastung der Familienkasse.

Die DDR brauchte Nachwuchs. Also wurde ein Komplex von Maßnahmen ergriffen, die günstige Rahmenbedingungen schufen.

Die Bundesrepublik braucht Nachwuchs. Die beschlossenen Maßnahmen verändern keineswegs die kinderunfreundlichen Rahmenbedingungen. Den Rückgang der Geburten als Beitrag zur notwendigen Begrenzung der Weltbevölkerung zu deklarieren, verschleiert ein gravierendes politisches Problem: Kinder werden als gesellschaftlicher Ballast wahrgenommen! Wenn über Kinder gesprochen und entschieden wird, redet man nur übers Geld.

■ Was sieht die »Agenda 2010« zu diesem Thema vor?

– Insbesondere das dritte und vierte Gesetz für moderne Dienstleistungen am Arbeitsmarkt und das Haushaltbegleitgesetz zum Vorziehen der Steuerreformstufe 2005 auf das Jahr 2004 werden Auswirkungen auf die Familien haben. Nach der Leitlinie »Fördern und Fordern« sollen die Familien in ihrer wirtschaftlichen Eigenständigkeit unterstützt werden.

– Vorrangig sind bessere Rahmenbedingungen zu schaffen, um eine Entscheidung für Kinder zu erleichtern. Dazu gehört eine zielgenaue finanzielle Förderung von Familien und der Ausbau der Infrastruktur. Familien sollen ihren Lebensunterhalt selbst erwirtschaften und Beruf und Familie in eine gute Balance bringen können.

– Eltern mit geringem Einkommen, das nur ihren eigenen Unterhalt abdeckt, nicht aber den Unterhalt ihrer Kinder, können künftig einen Kinderzuschlag von bis zu 140 Euro pro Monat erhalten. Damit sind sie, wie derzeit oft, nicht auf ergänzende Sozialhilfe angewiesen. Der Kinderzuschlag wird ab dem 1. Juli 2004 eingeführt. Er wird längstens für insgesamt 36 Monate gezahlt. Etwa 150.000 Kinder und deren Familien werden mit dem Kinderzuschlag aus dem Bezug von Arbeitslosengeld II herausgeholt. Damit soll die Kinderarmut bekämpft werden.

– Für Alleinerziehende, die in keiner Partnerschaft leben, wird ab 1. Januar 2004 ein dauerhafter Steuerfreibetrag in Höhe von 1.300 Euro pro Jahr gelten. Dieser neue Steuerfreibetrag soll den haushaltsbedingten Mehraufwand berücksichtigen, den Alleinerziehende gegenüber Paarfamilien haben, egal ob diese verheiratet oder unverheiratet zusammen leben. Der Steuerfreibetrag soll Ausgleich sein für den Wegfall des ehemaligen Haushaltsfreibetrags.

– Im Zuge des Haushaltsbegleitgesetzes zum Vorziehen der Steuerreformstufe 2005 auf das Jahr 2004 werden die Regelungen des Bundeserziehungsgeldgesetzes klarer gestaltet und Bürokratie minimiert.

Risiken und Nebenwirkungen

– Die Familienpflichten werden für Frauen ein Handikap bleiben. Zwar propagiert die Bundesregierung eine bessere Integration von Frauen mit Familienpflichten in den Arbeitsmarkt. Ohne generelle Umgestaltung des Arbeitsmarktes und die Einführung des öffentlich finanzierten Beschäftigungssektors wird das Propaganda bleiben. Das ergibt sich schon daraus, daß die Erziehung von kleinen Kindern gleichzeitig in Rechnung gestellt werden muß, wenn es um die Zumutbarkeit für die Aufnahme einer Erwerbstätigkeit geht. Die Argumentation, die Erwerbsneigung der Frauen sei die Ursache für die hohe Arbeitslosigkeit vor allem in Ostdeutschland und für den Rückgang der Geburtenanzahl, muß aufhören.

– Besonders schwierig ist die Lage für Wiedereinsteigerinnen in den Arbeitsmarkt nach einer Familienpause für alleinerziehende Sozialhilfeempfängerinnen. Auch wenn sie von den getroffenen

Regelungen profitieren, werden sich mit den Maßnahmen der »Agenda 2010« ihre Probleme nicht dauerhaft lösen lassen. Festzuhalten bleibt: Im Reformkonzept der Regierung eines der reichsten Länder der Welt tauchen Maßnahmen zur Bekämpfung der Kinderarmut auf.

□ Wir schlagen vor

– Es werden Voraussetzungen geschaffen, die garantieren, daß Mann und Frau Arbeit und damit ein sicheres Einkommen haben.
– Es werden Voraussetzungen geschaffen, die garantieren, daß alle Kinder ohne Sorge und Gefahr eine gute Schulbildung und später einmal einen Ausbildungs-, Studien- oder Arbeitsplatz erhalten. Das befreit auch Männer und Frauen von der Sorge um das Fortkommen ihrer Kinder.

Effekte

– Die Effekte lassen sich nicht in Zahlen ausdrücken. Sie bestehen vielmehr in der Erhöhung der sozialen Sicherheit und der Lebensqualität der Familien, alleinerziehenden Elternteile und der Kinder. Dafür werden Stützungen zielgerichtet und ergebnisorientiert eingesetzt.
– Aufwendungen für ein kostspieliges Betreuungssystem können reduziert werden.

»Das neue Arbeitsamt«

Der Bundeskanzler sagte am 14. März 2003 bei der Vorstellung der »Agenda 2010«: »Wir sind dabei, die Bundesanstalt für Arbeit so umzubauen, daß sie ihrer eigentlichen Arbeit nachkommen kann, nämlich Arbeitslose in Arbeit zu vermitteln und sie nicht bloß zu verwalten.«

Die Bundesanstalt für Arbeit steht regelmäßig in der öffentlichen Kritik. Die Vorwürfe lauten: ineffizient, unökonomisch, bürokratisch.

Hinzu kommen noch subjektive Momente, etwa die Großmannssucht des inzwischen entlassenenen, aber gut abgefundenen Amtsvorstehers Florian Gerster. So ließ der von Schröder in den Vorsitz Gebrachte als erstes sein Büro aufwendig umbauen und neu ausstatten. Der überbezahlte Amtsvorsteher, der offensichtlich weder Instinkt noch Gespür für bestimmte Entwicklungen in der Gesellschaft besitzt, mußte vorm Wirtschaftsausschuß des Bundestages Rede und Anwort stehen, als publik wurde, daß er für eine Image-Kampagne einer Berliner Beratungsfirma WMP für 20 Monate Arbeit 820.000 Euro zahlen sollte mit der Begründung, daß dies eine marktgerechte Summe sei. 2004 wollte man rund 42 Millionen Euro für Werbezwecke ausgeben. Auch dies sei angemessen, hieß es aus Nürnberg.

Werbung wofür? Imagekampagne wozu?

Der Arbeitsvermittlungsmonopolist ist nicht dafür haftbar zu machen, daß es nicht genügend Arbeitsstellen gibt. Gleichwohl ist die Frage zu stellen mehr als notwendig: Braucht man diesen Riesenapparat in dieser Form wirklich? Kostet er nicht mehr, als er nutzt?

Sind die Vorhaben nur Tünche oder ein wirklicher Neuansatz?

■ Was sieht die »Agenda 2010« zu diesem Thema vor?

– Als erster Schritt wird die Bundesanstalt für Arbeit in einen modernen Dienstleister mit privatwirtschaftlichen Führungsstrukturen umgewandelt. Sie heißt künftig: Bundesagentur für Arbeit.

– In einem weiteren Schritt werden im Laufe des Jahres 2003 die Strukturen der Bundesanstalt für Arbeit weiter optimiert. Während die Strukturen bisher stark auf die passive Gewährung

von Leistungen und die Verwaltung der Arbeitsuchenden ausgerichtet waren, werden die Mitarbeiter der Bundesagentur für Arbeit zukünftig als Vermittlungsagenten tätig sein.
– Die Arbeitsämter werden zu *Jobcentern* entwickelt. Die Arbeitnehmenden sind verpflichtet, sich sofort nach Erhalt der Kündigung im Jobcenter zu melden. Die Unternehmen müssen die Arbeitnehmenden zur Stellensuche freistellen. Die doppelte Zuständigkeit von Arbeits- und Sozialamt wird abgeschafft. Arbeitsuchende wenden sich also nur noch an das Jobcenter. Stichwort: Service aus einer Hand. Die Jobcenter werden zu Partnern der Unternehmen. Sie machen für jede gemeldete Stelle paßgenaue Personalvorschläge. Deshalb lohnt es sich auch für die Unternehmen, offene Stellen sofort den Jobcentern zu melden. Außerdem wird den Unternehmen eine Beschäftigungsberatung angeboten.
– Zudem werden bei den Arbeitsämtern bis Mitte 2003 flächendeckend Personal-Service-Agenturen (PSA) eingerichtet. Die Personal-Service-Agenturen unterstützen die frühestmögliche Eingliederung von Arbeitslosen in den ersten Arbeitsmarkt.
– Bei der Anstellung in einer Personal-Service-Agentur erhalten die Arbeitslosen einen Arbeitsvertrag, die Garantie einer fairen Entlohnung und den Schutz der gesetzlichen Sozialversicherung. In verleihfreien Zeiten unterstützt die Agentur – durch berufliche Qualifizierung und Weiterbildung – ihre Mitarbeiterinnen und Mitarbeiter dabei, eine Beschäftigung außerhalb der Personal-Service-Agentur zu finden.
– Das Verhältnis zwischen Bundesanstalt für Arbeit und Bundesregierung wird neu geregelt. An die Stelle gesetzlicher Regelungen und rechtlicher Weisungen tritt die Vereinbarung von Zielen. Die Zielerreichung wird durch ein effektives Controlling überprüft. Darüber hinaus finden Leistungsvergleiche der Arbeitsämter statt.

Risiken und Nebenwirkungen

– Auch hier gilt, daß die Maßnahmen das Problem der Arbeitslosigkeit nicht lösen. Es kann durchaus sein, daß unter neuer Bezeichnung im alten Trott weiter verwaltet wird.
– Weder »Arbeitsamt« noch »Bundesanstalt für Arbeit« taten das, was ihr Name aussagt. Sie verwalteten nicht die Arbeit, sondern die Arbeitslosigkeit. Mit einer Namensänderung wird diese Verwaltungsart nicht geändert. Sie kostet nur viel Geld,

weil Briefbogen, Formularaufdrucke, Stempel, Firmenschilder, Telefoneintragungen etc. geändert werden müssen.
– Soll die Arbeit tatsächlich effizienter werden, dann muß sich das auch in der Reduzierung der Angestellten und Chefs niederschlagen. Dazu sagen die Maßnahmen kein Wort. Und so ist zu befürchten, daß eine weitere Verwaltung des Verwaltens wegen erhalten, wenn nicht gar erweitert wird.

□ Wir schlagen vor

– Die vorgesehenen Maßnahmen können wesentlich dazu beitragen, den bedarfs- und qualifikationsgerechten Einsatz von Arbeitskräften beziehungsweise deren zielgenaue Umschulung und Weiterbildung voranzutreiben. Voraussetzung ist, daß die Bundesanstalt für Arbeit nun endlich und endgültig reformiert und neu profiliert wird. Sie ist nicht mehr Staat im Staate. Aus ihr wird hauptsächlich eine Agentur, die durch ein gutes Personalmanagement und Profiling die Personalanforderungen des produktiven und Dienstleistungsbereiches mit dem Pool der freien Arbeitskräfte in Übereinstimmung bringt. Außerdem steuert und organisiert sie den öffentlich finanzierten Beschäftigungssektor.
– Der finanzielle und personelle Aufwand für die Umsetzung der Maßnahmen durch die neue Agentur für Arbeit und die Personal-Service-Agentur erhöht sich nicht. Die Angestelltenzahl der Bundesanstalt für Arbeit bis in die Arbeitsämter wird halbiert. Im Jahr 1990 waren dort über 96.000 Personen[33] beschäftigt. In den aktuellen Jahrbüchern der BRD werden zu diesem Sachverhalt keine Zahlen mehr veröffentlicht.

Effekte

– Arbeitslos gewordene Menschen werden schnell, bedarfs- und qualifikationsgerecht in eine neue Tätigkeit vermittelt. Der Staat spart Verwaltungs- und Einführungskosten in Höhe von 1 Milliarde Euro.
– Gehen wir von einer Reduzierung des Personalbestandes um 50.000 Personen aus, spart man Aufwendungen in der Größenordnung von mindestens 1,8 Milliarden Euro im Jahr.

Die Ausbildungsoffensive ist dringend notwendig

Bundeskanzler Gerhard Schröder verwies in seiner Regierungserklärung zur »Agenda 2010« am 14. März 2003 auf die gesellschaftliche Verantwortung der Wirtschaft, aber auch auf ihr eigenes Interesse an der Ausbildung junger Menschen. »30 Prozent aller Unternehmen bilden aus, viele davon über Bedarf, und ich bin dankbar dafür.

Aber 70 Prozent der Unternehmen entziehen sich ihrer sozialen und übrigens auch ökonomischen Verantwortung. Sie sägen damit an dem Ast, auf dem sie selber sitzen. Ohne eine nachhaltige Verbesserung der Ausbildungsbereitschaft und ohne die Übernahme der zugesagten Verantwortung wird die Bundesregierung handeln, wobei auch eine Ausbildungsabgabe wieder thematisiert werden kann.«

Im Kontext mit den fehlenden Ausbildungsplätzen wurde auch eine Ausbildungspflicht diskutiert und, sofern sich Betriebe ihr entzögen, ersatzweise eine Abgabe gefordert.

Auch das verfehlt das Thema, weil es nur auf den Geldbeutel zielt.

Zum einen: Nicht jeder Betrieb kann und will ausbilden. Wozu? Jeder Unternehmer muß zunächst betriebswirtschaftlich rechnen und planen. Die Volkswirtschaft hat er dabei nur bedingt im Auge.

Zum anderen: Wie sollen Auszubildende für ein Berufsleben motiviert werden, wenn absehbar ist, daß sie nach der Ausbildung weder in ihrem Ausbildungsbetrieb noch in ihrem Beruf später eine Arbeit bekommen werden?

Auch eingedenk der Tatsache, daß noch immer eine solide Ausbildung die beste Voraussetzung für eine individuelle Berufslaufbahn wie auch für eine solide Volkswirtschaft ist, darf der Staat diesen Teil seiner Verantwortung nicht delegieren und die »Pflichtverletzung« bei anderen ahnden. Das passiert aber auch auf diesem Felde fortgesetzt.

In der DDR erfolgte auch die Ausbildung in allen Bereichen der Volkswirtschaft planmäßig und orientierte sich am Bedarf. Das verhinderte zwar nicht, daß wegen fehlenden Nachwuchses einige Bereiche unterbesetzt blieben – gleichwohl konnte jedem

Schulabgänger ein Ausbildungs- oder Studienplatz und danach eine Arbeit im erlernten Beruf garantiert werden.

Und bei den Absolventen der Universitäten, Hoch- und Fachschulen sorgten Einsatzkommissionen für die Verteilung der Kader. Diese durften erst drei Jahre nach Arbeitsaufnahme den Arbeitgeber wechseln.

Nun mag das einigen als höchst undemokratisch erscheinen und in ihren Augen ein unzumutbarer Eingriff in Biographien sein. Doch um wie vieles »demokratischer« ist der existentielle Zwang heute, Familie und Region verlassen zu müssen, um überhaupt einen Ausbildungsplatz oder Arbeit zu bekommen? Ob ein junger Sachse freiwillig nach Bayern zöge, wenn er in seiner Heimatstadt einen Ausbildungsplatz bekäme, ob ein Schleswiger von der Ostseeküste nach Baden-Württemberg wechselte, wenn er für sich daheim eine Perspektive sähe?

■ Was sieht die »Agenda 2010« zu diesem Thema vor?

– Die Bundesregierung will die Wirtschaft mit einer Ausbildungsoffensive, mit dem Abbau bürokratischer Hemmnisse und mit Maßnahmen zur Modernisierung und Förderung der Berufsausbildung unterstützen. An der gemeinsamen Ausbildungsoffensive beteiligen sich das Bundesministerium für Bildung und Forschung, das Bundesministerium für Wirtschaft und Arbeit sowie die Wirtschaft und die Gewerkschaften. Die Unternehmen werden direkt und durch Werbemaßnahmen angesprochen, um sie für die Schaffung zusätzlicher Lehrstellen zu gewinnen.
Um formale Hemmnisse für ausbildende Betriebe abzubauen, wird die Ausbildereignungsverordnung ab dem 1. August 2003 für 5 Jahre ausgesetzt. Ausbildende Betriebe müssen berufs- und arbeitspädagogische Kenntnisse dann nicht mehr in einem Lehrgang mit Prüfung nachweisen, sondern die Eignung nur noch durch die Kammer bestätigen lassen.

– Neue Strukturen wie Qualifizierungsbausteine sollen benachteiligten Jugendlichen helfen, bei der Bewerbung um einen Ausbildungsplatz bisher erworbene Teilqualifikationen besser dokumentieren zu können. Das Programm »Kapital für Arbeit« wurde für die Einstellung von Ausbildungssuchenden geöffnet. Unternehmen können für jeden zusätzlich eingestellten Auszubildenden eine Kreditsumme von bis zu 100.000 Euro zu günstigen Konditionen über die jeweilige Hausbank bei der Kreditanstalt für Wiederaufbau beantragen.

Risiken und Nebenwirkungen

– Die Ausbildungsoffensive begann im April 2003. Sie kostete viel Geld. Der Effekt ist gleich Null. Nach Bundesministerin Edelgard Bulmahn fehlten Anfang September 2003 rund 167.000 Ausbildungsplätze. Das waren 85.000 mehr als im Vorjahr.

– In einem der reichsten und wirtschaftlich stärksten Länder der Welt geht die Zahl der auszubildenden Jugendlichen aufgrund der demografischen Entwicklung zurück – trotzdem wächst der Mangel an Ausbildungsplätzen. In Deutschland soll es angeblich 500.000 Betriebe geben, die ausbilden könnten, dies aber nicht tun. Eins ist jedoch gewiß: Wer die Zukunft der deutschen Wirtschaftskraft in Ich-AGs und Minijobs sieht, der muß sich nicht wundern, wenn er in eine Ausbildungskrise gerät.

– Der Ruf nach einer Ausbildungsplatzabgabe wird lauter. Damit wird aber das Problem nicht gelöst. Wer es sich leisten kann – und die Konzerne können das – zahlt die Abgabe. Auf anderen Wegen holen sie sich die Abgabe zurück. Am Ende schlägt die Abgabe auf die Preise durch. Mit den gezahlten Abgaben hat zwar der Staat mehr Geld, mit dem er den beschäftigungslosen Jugendlichen eine Stütze zahlen kann, aber die Gesellschaft hat keinen zusätzlichen Ausbildungsplatz.

□ Wir schlagen vor

– In der DDR gab es durchschnittlich einen Ausbildungsplatz für 24 Arbeitsplätze. Führte man das in der Bundesrepublik ein, so käme man auf 1.525.000 Ausbildungsplätze. Bei einem jährlichen Bedarf von etwa 800.000 bis 1.000.000 Plätzen sollte das reichen.

– Für alle größeren Unternehmen, für alle Banken, für alle öffentlichen Verwaltungen wird die Ausbildungspflicht eingeführt. Durchschnittlich je 36 Beschäftigten wird ein Auszubildender eingestellt.

Effekte

– Alle Jugendlichen können einen Ausbildungsplatz bekommen.

– Die Kreditsumme von bis zu 100.000 Euro zu günstigen Konditionen über die jeweilige Hausbank bei der Kreditanstalt für Wiederaufbau wird eingespart.

Das Berufsbildungsgesetz wird vereinheitlicht

Die Bundesregierung hat während ihrer Kabinettsitzung am 21. Mai 2003 beschlossen, die Ausbilder-Eignungsverordnung für fünf Jahre auszusetzen. Die Regelung wurde zum Beginn des neuen Ausbildungsjahres am 1. August 2003 wirksam.

Die Bundesregierung erwartete, daß auf diese Weise 20.000 neue Ausbildungsplätze geschaffen würden.

■ Was sieht die »Agenda 2010« zu diesem Thema vor?

– Mit der Aussetzung der Ausbilder-Eignungsverordnung soll es Betrieben erleichtert werden auszubilden.

– Durch den Beschluß des Bundeskabinetts können nun auch Betriebe ausbilden, in denen kein Ausbilder die Prüfung nach der Ausbilder-Eignungsverordnung (AEVO) abgelegt hat. Das bisherige Verfahren galt vielen insbesondere jungen und kleineren Unternehmen als zu zeit- und kostenaufwendig.

Risiken und Nebenwirkungen

– Die Aussetzung der AEVO wird Auswirkungen auf die Qualität der Ausbildung haben.

– Die Überprüfung erfolgte bisher durch Kammern und Ausbildungsverantwortliche im öffentlichen Dienst. Auf welcher Grundlage sollen diese die Eignung prüfen, wenn die Eignungsverordnung außer Kraft ist?

□ Wir schlagen vor

– Das Berufsbildungsgesetz wird überarbeitet, damit es einfacher und verbindlicher wird. Das neue Gesetz legt fest, wer auszubilden hat und welche Eignung er dafür nachweisen muß.

– Mit dem überarbeiteten Berufsbildungsgesetz kann die Ausbilder-Eignungsverordnung entfallen.

Effekte

– Mit der gesetzlichen Ausbildungspflicht wird der Ausbildungsnotstand abgeschafft.

– Zusätzliche Kampagnen sowie kostspielige Aufwendungen und Finanzierungen entfallen.

Die schulische Bildung soll ein hohes Niveau erreichen

Bundeskanzler Gerhard Schröder hat in seiner Regierungserklärung zur »Agenda 2010« am 14. März 2003 betont, wie notwendig es sei, Schulen und Bildungswege in Deutschland weitreichend zu reformieren und in Bildung und Forschung zu investieren: »In keinem vergleichbaren Industrieland entscheidet die soziale Herkunft in so hohem Maße über die Bildungschancen wie in Deutschland. Das darf nicht so bleiben. Es darf nicht so bleiben, daß in Deutschland die Chance des Gymnasialbesuchs für einen Jugendlichen aus der Oberschicht sechs- bis zehnmal so hoch ist wie für einen Jugendlichen aus einem Arbeiterhaushalt.

Es ist ein Skandal, daß jeder vierte ausländische Schüler ohne Schulabschluß bleibt. Wir sollten bei allem Respekt vor den unterschiedlichen Kompetenzen, die ich kenne und respektiere, zu einer nationalen Gesamtanstrengung kommen, um Standards zu setzen und die Defizite, die ich beschrieben habe, zu überwinden. Wir brauchen das Angebot einer Ganztagsbetreuung, die die pädagogischen Chancen dieser Schulform wirklich nutzt.«

PISA hat gezeigt, daß die deutschen Schülerinnen und Schüler im internationalen Vergleich der Schulen schlecht abschneiden. Die Verbraucherministerin Renate Künast meinte sarkastisch, daß das derzeitige Bildungssystem die Schülerinnen und Schüler gerade einmal für eine Tätigkeit im öffentlichen Dienst befähigt.

PISA bezeugte, daß in Deutschlands Schulen nicht genügend getan wird, um schwache Schülerinnen und Schüler stärker zu fördern und Fehlentwicklungen frühzeitig zu erkennen. Grundlegende Reformen des Schulwesens wurden bereits im November 2001 vom gemeinsam von Bund und Bundesländern getragenen »Forum Bildung« angeregt. Wie meist blieb es bei Reden und frommen Wünschen. Viel Zeit und Geld wurde vertan, ohne nennenswerte Effekte zu erzielen.

In der Bundesrepublik Deutschland werden jährlich für die Bildung fast 70 Milliarden Euro[34], pro Kind 6.900 Euro, ausgegeben. Davon belasten ein Drittel die Gemeinden und zwei Drittel die Länder. Der Bund zahlt eine Million Euro, also fast nichts.

In der DDR waren es jährlich umgerechnet 1.332 Euro pro Kind. Damit wurde alles finanziert.

Das DDR-Volksbildungssystem hatte mehrere Vorzüge, die zu Beginn der 70er Jahre von den Finnen sehr aufmerksam studiert wurden, ehe sie sich an die Reform des eigenen Schulsystems machten. Die PISA-Studie sah Finnland übrigens in allen Belangen auf Platz 1.

Das DDR-Volksbildungssystem war zum ersten klar strukturiert und übersichtlich. Es gab die 10klassige polytechnische Oberschule, die für alle verbindlich war. Daneben gab es Sonder- und Spezialschulen. Nach der 10. Klasse konnte bei entsprechenden Leistungen in die Erweiterte Oberschule (EOS) gewechselt werden, die mit dem Abitur in der 12. Klasse endete. (Mittlere Reife, die für das Universitäts- oder Hochschulstudium Voraussetzung war).

Es bestand auch die Möglichkeit, nach der 10. Klasse eine dreijährige Berufsausbildung mit Abitur zu machen.

Das polytechnische Prinzip, in den 20er Jahren von Schulreformern entwickelt, stellte eine Verbindung mit der Arbeitswelt her und half frühzeitig, Fertigkeiten und Talente zu entdecken und zu entwickeln. Praktika, wie in höheren Klassen in einigen Bundesländern üblich, können das nicht leisten.

Zum anderen erwies es sich als sinnvoll, nach zentralen Schul- und Ausbildungsplänen zu unterrichten. Die Lehrmaterialien und Schulbücher waren nicht nur gratis, sondern auch einheitlich. Man benutzte die gleichen auf Rügen wie im Thüringer Wald.

Drittens schließlich wurden alle Pädagogen in der DDR nach den gleichen Grundsätzen an Fach- und Hochschulen ausgebildet und regelmäßig weiterqualifiziert.

Und schließlich, viertens, wurde in der DDR Bildung und Erziehung als ein einheitlicher Prozeß betrachtet, d.h., es wurden zugleich Wissen *und* moralische Werte in einem ganzheitlichen Vorgang vermittelt. Natürlich geschah dies mit politischen Ziel- und Zwecksetzungen, weshalb dieser Vorgang später als Indoktrination denunziert wurde. Gleichwohl läßt sich gegen das Prinzip, ethisch-moralische Grundsätze in allen Fächern gleichermaßen zu vermitteln, nichts einwenden.

Das bundesdeutsche Bildungssystem hingegen ist unübersichtlich strukturiert und zudem Ländersache. Das führt zu gravierenden Unterschieden nicht nur hinsichtlich der Ausbildung der Pädagogen, sondern auch beim Unterricht und den Ausbildungsergebnissen. Außerdem betrachten seit eh und je ambitionierte Kultusminister die Schule als ihr Experimentierfeld. Die Leidtragenden sind die Schüler. Der hier praktizierte Pluralismus ist kontraproduktiv und zeitigt mehr Schäden als Nutzen.

Es ist bezeichnend, daß der Zuständige im Berliner Senat die Resultate der PISA-Studie für Berlin unter der Decke hielt. Wie sich zeigte, waren alle Ostberliner Gymnasien um Längen besser als die im Westteil der Stadt. Kein Wunder: Dort unterrichten noch mehrheitlich Pädagogen, die in der DDR ausgebildet worden waren.

■ Was sieht die »Agenda 2010« zu diesem Thema vor?

– In zehn Jahren soll Deutschland zu den fünf führenden Bildungsnationen gehören. Deshalb muß das Schulsystem mehr Kinder und Jugendliche zu höheren Bildungsabschlüssen, einem höheren Leistungsniveau und sozialer Kompetenz führen. Genau dies gelingt Ländern wie Finnland und Kanada. Diese Staaten müssen deshalb die Meßlatte sein. Leider hat kein einziges deutsches Bundesland Vergleichbares erreicht.

– Es kommt darauf an, Bildung und Erziehung aus den Verkrustungen einer ideologischen, auf Zuständigkeiten fixierten Debatte zu lösen und in einer nationalen Kraftanstrengung aller Beteiligten gemeinsam Wege aus der Bildungskrise zu finden.

– Am 12. Mai 2003 haben die Bundesregierung und die Kultusminister der Bundesländer mit der Unterzeichnung einer Verwaltungsvereinbarung den Startschuß für das Investitionsprogramm »Zukunft Bildung und Betreuung« zum Aufbau von Ganztagsschulen gegeben.

– Es werden Maßnahmen für die verbindliche Einführung und Evaluation von nationalen Bildungsstandards im Sinne von Kompetenzstandards eingeführt. Kompetenzstandards greifen allgemeine Bildungsziele auf und benennen die fachspezifischen Kompetenzen, die die Schulen ihren Schülerinnen und Schülern vermitteln müssen, damit zentrale Bildungsziele erreicht werden. Kompetenzstandards müssen so konkret beschrieben werden, daß sie mit Hilfe von Test-verfahren überprüfbar sind. Auf diese Weise läßt sich feststellen, inwieweit das Bildungssystem seinen Auftrag erfüllt. Kompetenzstandards tragen dazu bei, schul- oder regionalspezifische Fehlentwicklungen frühzeitig zu erkennen.

– Größere Aufmerksamkeit soll der Aus- und Fortbildung der Lehrer geschenkt werden, um sie auf den Umgang mit Kompetenzstandards und Evaluation entsprechend vorzubereiten.
– Ein unabhängiger Sachverständigenrat wird eine nationale Bildungsberichterstattung erstellen. Alle am Bildungsprozeß Beteiligten werden ermutigt, bei der Umgestaltung des Bildungswesens mitzuwirken.
– Durch eine Stiftung »Bildung und Erziehung« werden innovative Projekte insbesondere von Schulen und privaten Initiativen gefördert, um die durch PISA aufgezeigten Mängel abzubauen.
– Das internationale Design von PISA wurde in verschiedener Hinsicht erweitert. Dabei handelt es sich erstens um zusätzliche Erhebungen und zweitens um Erweiterungen der Stichprobe PISA-E.

Risiken und Nebenwirkungen
– Mit Bezug auf die PISA-Studie wird immer wieder nachdrücklich darauf hingewiesen, daß das deutsche Bildungswesen die Kinder nicht genügend fördere. Deutsche Schülerinnen und Schüler erbringen nur unterdurchschnittliche Leistungen auf zentralen Gebieten wie Lesen, Mathematik oder Naturwissenschaften.
– Die vorgeschlagenen Maßnahmen werden daran nichts ändern, wenn mit der Bildungsoffensive nicht gleichzeitig die sozialen Verhältnisse verändert werden. Nationale Bildungs- und Kompetenzstandards mögen Lehrerinnen und Lehrern willkommenen Debattenstoff liefern, aber kaum die wichtigen Bildungs- und Erziehungsarbeiten befördern.
– Noch verhandeln Bund und Länder über die Gründung einer nationalen Agentur zur Entwicklung und Evaluation von Kompetenzstandards. Es geht um die finanzielle Seite der Angelegenheit. Aus Erfahrung ist anzunehmen, daß das Vorhaben deswegen im Sand verläuft. Letztlich geht es nicht um die Standards, sondern um das Geld. Und damit sind wir wieder bei den Grenzen des Systems.
– Die Kompetenzstandards können ihre qualitätsentwickelnde und -sichernde Wirkung nur dann entfalten, wenn Lehrerinnen und Lehrer im Rahmen ihrer jeweiligen Aus- und Weiterbildung auf den Umgang mit Kompetenzstandards und Evaluation entsprechend vorbereitet werden. Das gehört doch zum Einmaleins des Systems, dafür sind doch keine neuen Maßnahmen nötig.

– PISA hat gezeigt, daß im deutschen Schulsystem besondere Schwierigkeiten bestehen, mit den unterschiedlichen Lernvoraussetzungen der Schülerinnen und Schüler umzugehen. Wer ist denn im deutschen Schulsystem für den Umgang mit den unterschiedlichen Lernvoraussetzungen der Schülerinnen und Schüler zuständig?
– Mit der Einrichtung eines unabhängigen Sachverständigenrates für die nationale Bildungsberichterstattung, einer Stiftung »Bildung und Erziehung« für innovative Projekte und mit der Erweiterung des internationalen Design von PISA für zusätzliche Erhebungen und Erweiterungen der Stichprobe PISA-E, werden Kräfte und Mittel eingesetzt, die nicht unbedingt zum Erfolg führen müssen. Sie haben erst Sinn, wenn das gesamte Schulsystem gründlich reformiert wird. Ansonsten ist das nur Erweitern der Bürokratie und Beschäftigung für »Experten«.

□ Wir schlagen vor

– Das Bildungssystem orientiert sich an den Prinzipien der DDR-Volksbildung.
– Im Kontext zur Bildung von Supergemeinden soll jede Gemeinde ihre Schule bekommen. Damit behalten die Gemeinden auch ihren kulturellen Mittelpunkt. Warum soll neben der Kirche nicht auch die Schule im Dorf bleiben?
– Pädagogik ist keine hoheitliche Aufgabe des Staates. Deshalb müssen Lehrer auch nicht verbeamtet werden.

Effekte

– Es entsteht ein annähernd gleiches Bildungsniveau in allen Bundesländern. Als Nebeneffekt verringert sich der Aufwand an Lehrmaterial für die Familien.
– Die von den erwerbstätigen Eltern geforderte Mobilität über Bundesländergrenzen hinaus wird bei erforderlichem Wohnungswechsel nicht noch zusätzlich mit der Sorge um den Schulwechsel belastet.
– Vorausgesetzt, daß nur 30 Prozent der Lehrenden verbeamtet waren und daß die Verbeamtung aufgehoben würde, entstünde eine Mehreinnahme für die Rentenkasse in Höhe von fast 5 Milliarden Euro.

Die Ganztagsschule muß her

Die Bundesregierung argumentiert, daß Ganztagsschulen nach internationalen Erfahrungen der geeignete Rahmen für qualitativ hochwertigen Unterricht und für eine bessere Verbindung von Bildung und Erziehung sind. Mit Ganztagsschulen könnten Bildungsbarrieren abgebaut und soziale Ausgrenzung verhindert werden.

Und Ganztagsschulen ermöglichen den Durchbruch bei der Vereinbarkeit von Familie und Beruf.

Mit zusätzlichen Ganztagsschulen werde das Lernumfeld an den Schulen und die Qualität des Unterrichts verbessert. Denn der Zugang zu Bildung und der Erwerb von Bildung werde immer noch in zu starkem Maße von der sozialen, ethnischen und finanziellen Situation von Familien beeinflußt.

Die Bundesregierung entdeckt also die Ganztagsschule.

Die DDR praktizierte sie erfolgreich. Den Schulkindern war es möglich, bis zur vierten Klasse ihre Freizeit in betreuten Schulhorten zu verbringen und dort auch ihre Hausaufgaben unter pädagogischer Anleitung zu erledigen. Der Hort war ein kostenloses Angebot – keine zwingende Verpflichtung für die Eltern, dieses auch anzunehmen, wie später unterstellt wurde.

Die Ganztagsschule wurde – wie das gesamte Schulsystem der DDR – in ideologischer Verblendung und politischer Kurzsichtigkeit liquidiert.

■ Was sieht die »Agenda 2010« zu diesem Thema vor?

– Mit dem Investitionsprogramm »Zukunft Bildung und Betreuung« unterstützt die Bundesregierung den Aufbau von bis zu 10.000 Ganztagsschulen. Dafür sind insgesamt 4 Milliarden Euro im Bereich der Grundschulen und der Sekundarstufe I in den Jahren 2003 bis 2007 vorgesehen. Dies ist ein wichtiger Anstoß für die Schaffung eines bedarfsgerechten Ganztagsangebots in allen Regionen Deutschlands.

– Die Finanzhilfen für notwendige Renovierungs-, Umbau-, Ausbau- oder Neubaumaßnahmen einschließlich Erstausstattung werden auf Grundlage einer Verwaltungsvereinbarung mit den Bundesländern gewährt.

– Die Verteilung der Mittel erfolgt anhand eines transparenten Schlüssels, der den jeweiligen Bedarf der Länder berücksichtigt.

Risiken und Nebenwirkungen

– Der Aus- und Aufbau von Ganztagsschulen wird zwar von der Bundesregierung als ein wichtiger Schritt zur Verbesserung des Bildungssystems erkannt. Sie weiß auch, daß entscheidend für den Erfolg die pädagogischen Konzepte und eine entsprechende personelle Ausstattung sind. Diese Aufgaben überläßt sie aber den zuständigen Ländern. Damit ist die notwendige Einheitlichkeit und der angestrebte Nutzeffekt der Maßnahmen bereits wieder gefährdet.

☐ Wir schlagen vor

– Die Ganztagschulen werden eingeführt.

Effekte

– In Ganztagsschulen können Schülerinnen und Schüler besser individuell gefördert und gefordert werden.

In Bildung und Forschung Höchstniveau anstreben

Bundeskanzler Gerhard Schröder hat in seiner Regierungserklärung zur »Agenda 2010« am 14. März 2003 darauf hingewiesen, daß das Wohlstandsniveau nur dann gehalten werden könne, wenn verstärkt in Bildung und Forschung investiert werde. »Wir werden und müssen die Haushalte der großen Forschungsinstitutionen in den nächsten Jahren jährlich wieder um drei Prozent erhöhen.«

Die »Agenda 2010« enthält einen Abschnitt, der mit »Forschungsetat« überschrieben ist. Und so kümmerlich wie der Abschnitt ist, so sieht es bei Bildung und Forschung auch aus. Weil Deutschland wenig auf diesem Gebiet tut, muß es Spezialisten aus den Ländern der »Dritten Welt« einkaufen. Greencard statt Investition. Natürlich ist es Aufgabe des Staates, für einen qualifizierten Nachwuchs zu sorgen. Aber was tut die Wirtschaft, die von der Forschung und ihren Ergebnissen profitiert?

Die DDR verfügte in bestimmten Bereichen über ein leistungsfähiges und international anerkanntes Forschungspotential.

Sie entwickelte einen stabilen Sockel an Wissenschaftskadern, die im Bereich der Grundlagen- und der angewandten Forschung, in der Ausbildung und im Bereich der Gesellschaftswissenschaften zum Gemeinwohl tätig waren.

Von den etwa 140.000 Wissenschaftlern sind vielleicht noch ein Drittel in ihrem Fachbereich tätig. Die neuen Bundesländer sind die Region in der Welt mit dem höchsten Prozentsatz an arbeitslosen Akademikern. Das muß ein reiches Land sein, welches es sich leisten kann, ein solches Potential nicht zu nutzen!

Viele haben inzwischen das Land verlassen oder sind in den Vorruhestand getreten.

Mit den freigewordenen Posten an Universitäten und Hochschulen, Kliniken und Krankenhäusern, wissenschaftlichen Instituten und Einrichtungen der Medien wurden zumeist Wissenschaftler und Fachkräfte aus dem Westen bedacht.

Die Chance, sowohl in den alten als auch in den neuen Bundesländern eine »Mischung« der wissenschaftlichen und technischen Kapazitäten aus Ost und West herzustellen, wurde aus ideologischen Vorbehalten vertan.

Der rigorose Eingriff betraf viele Studieneinrichtungen, Wissenschaftsdiszplinen (Wirtschaftsinformatik, Ökonomie der Entwicklungsländer, Außenwirtschaft, Arbeitsökonomie etc.) wurden nicht weitergeführt. Spezifische Stärken des wissenschaftlichen Personals der DDR – etwa Teamfähigkeit, Praxisnähe und Improvisationsvermögen – blieben auf der Strecke. Auch die enge Verflechtung zwischen universitärer und Industrieforschung, die in der DDR sehr ausgeprägt war, sowie die intensiven Kontakte zu wissenschaftlichen Einrichtungen der osteuropäischen Staaten wurden zerstört, weil es nicht den konventionellen westdeutschen Vorstellungen einer Wissenschaftslandschaft entsprach.[35]

Noch heute meinen einige Apologeten, diesen Kahlschlag mit dem Hinweis auf die Masse an Gesellschafts- und Wirtschaftswissenschaftlern begründen zu können. Natürlich hatte die DDR mehr marxistisch-leninistische Philosophen als etwa Kosmosforscher, mehr Kulturwissenschaftler als Herzchirurgen. Das aber hing nun einmal mit dem anderen Charakter der DDR-Gesellschaft zusammen und war kein Grund, das Kind mit dem Bade auszuschütten.

Zu den Studienformen und der Studienorganisation sagt die »Agenda 2010« nichts. Auch hier gibt es Reformbedarf, um Leistungssteigerung und Effizienz zu erreichen. Das ist nicht nur ein Problem der Finanzierung. In der DDR waren die Möglichkeiten und Formen der akademischen Bildung vielfältig. Das Fach- und Hochschulstudium war für die Direktstudenten prinzipiell auf drei bis fünf Jahre begrenzt. In den letzten Studienjahren und zur Bearbeitung der Haupt- und Abschlußarbeiten mußten Betriebspraktika absolviert werden. Die Themen der Abschlußarbeiten insbesondere der technischen Disziplinen ergaben sich aus den Betriebspraktika und waren überwiegend praxisorientiert.

■ Was sieht die »Agenda 2010« zu diesem Thema vor?

– 2003 stehen für Aufgaben des Bundesministeriums für Bildung und Forschung inklusive des BAföG-Darlehensanteils von der Deutschen Ausgleichsbank (435 Millionen Euro) sowie der ersten Rate für neue Ganztagsschulen (300 Millionen Euro) rund 9,1 Milliarden Euro zur Verfügung. Das sind 3 Prozent mehr als im vergangenen Jahr. Damit hat ein erfolgreicher Kurswechsel stattgefunden: Der Etat des Ministeriums stieg seit 1998 um 25

Prozent; die Investitionen in Bildung und Forschung wurden zum fünften Mal in Folge erhöht.
– Außerdem sollen im laufenden Haushaltsjahr finanziell akzentuierte Schwerpunkte bei der Forschungsförderung in den neuen Bundesländern gesetzt werden. Die Förderung für InnoRegio beispielsweise wurde bereits von 30,1 Millionen Euro im Jahr 2002 auf 68 Millionen Euro im Jahr 2003 erhöht. Für die innovativen regionalen Wachstumskerne stehen statt 15,9 Millionen Euro (2002) nun 24,4 Millionen Euro (2003) zur Verfügung.
– Die Finanzierung der großen Forschungsinstitutionen wurde auf hohem Niveau beibehalten: So stieg der Haushalt der Deutschen Forschungsgemeinschaft im Vergleich zu 2002 um 2,5 Prozent; das Budget der Max-Planck-Gesellschaft blieb auf dem gleichen hohen Stand. Dies bedeutet eine Erhöhung der Haushalte bei der Deutschen Forschungsgemeinschaft und der Max-Planck-Gesellschaft seit 1998 um jeweils mehr als 16 Prozent.

Risiken und Nebenwirkungen
– Ohne grundlegende Reform des Hochschulwesens und der Forschung verlaufen die Maßnahmen und die dafür vorgesehenen Mittel im Sand.

□ Wir schlagen vor

– Es wird eine Hochschulreform durchgeführt. Als Vorlage kann durchaus das Hochschulsystem der DDR dienen. BAföG wird durch Stipendien abgelöst. Die Stipendien werden leistungsfördernd gestaffelt gewährt.
– Studiengebühren werden in Abhängigkeit vom Einkommen der Eltern erhoben. Im Sinne von Friedrich Engels geht es nicht an, mit den Steuergroschen der Ausgebeuteten die Ausbildung der Ausbeuter von morgen zu finanzieren.
– Die Studienzeiten sind zu begrenzen. Wer länger studieren will, bezahlt dafür. Den Studierenden wird es gestattet, sich durch fachorientierte Minijobs einen Nebenverdienst zu sichern.
– Es sind Gesetze zu erlassen, die von den Nutznießern der Zukunftsinvestitionen einen höheren Finanzierungsbeitrag abverlangen. Von der Wirtschaft können ohne großen Aufwand Forschungsaufgaben an Hochschulen und Universitäten vergeben werden, an deren erfolgreichen Lösung dieselben in Form von Erfolgsprämien partizipieren.
– Die Finanzierung der großen Forschungsinstitutionen wird auf

hohem Niveau beibehalten. Sofern Forschungsaufträge und -ergebnisse aus der Wirtschaft kommen beziehungsweise in sie zurückfließen, übernimmt die Wirtschaft die Finanzierung derselben.
– Die Förderung für InnoRegio wird beibehalten. Auch hier gilt das Prinzip, daß die Nutznießer zur Finanzierung herangezogen werden.

Effekte
– Höhere Bildung und Forschung wird erfolgsorientiert. Studieren als Beschäftigung wird abgeschafft. Es werden weitaus ergiebigere Finanzierungsquellen erschlossen, als bisher. Studium und Forschung werden auf Kernprobleme der gesellschaftlichen Entwicklung gelenkt.
– Höhere Bildung und Forschung werden zu einer echten Herausforderung für die dort Beschäftigten. Das Verbeamtetsein wird in diesen Bereichen abgeschafft. Der Forscherstatus muß mehr gelten als der Beamtenstand.
– Geht man davon aus, daß die Wirtschaft zu 50 Prozent an den Forschungsergebnissen partizipiert, ergibt sich eine Mitfinanzierung in der Größenordnung von 4 Milliarden Euro und damit eine Einsparung für den Bundesetat in gleicher Höhe.

Frühkindliche Förderung darf nicht nur ein Schlagwort sein

Bundeskanzler Gerhard Schröder hatte bereits in seiner Regierungserklärung im Oktober 2002 zur Familienpolitik betont: »Insgesamt brauchen wir ein qualitativ hochwertiges und zuverlässiges Netz aus Krippen, Kindergärten, Horten und Schulen. Denn Betreuung, Bildung und Erziehung – das gehört zusammen. Ganztagsbetreuung mit pädagogischen Anregungen und Anleitungen in Kindergarten und Schule ist deshalb von elementarer Bedeutung für unsere Kinder und Jugendlichen«.

Die Ankündigung, die Betreuungsangebote für Kleinkinder deutlich ausbauen zu wollen, um *jedes fünfte Kind* unter drei Jahren in überschaubarer Zeit in einem Kindergarten oder durch Tagesmütter und Tagesväter betreuen zu können, muß – angesichts der in der DDR selbstverständlichen Vollversorgung – als ein schlechter Witz gelten.

Dafür will die Bundesregierung ab 2004 den Kommunen jährlich 1,5 Milliarden Euro zur Verfügung stellen.

In der DDR wurden Kinder bis zu drei Jahren auf Wunsch der Familien tagsüber in Kinderkrippen betreut. Alle Kinder zwischen drei und sechs Jahren wurden in Kindergärten von ausgebildeten Fachkräften betreut. Dadurch war es möglich, daß 92 Prozent der Frauen im erwerbsfähigen Alter einer Beschäftigung nachgehen oder sich beruflich weiterentwickeln konnten. Zugleich wurde in diesen Vorschuleinrichtungen nicht nur das »kollektive Topfen«, sondern von ausgebildeten Erziehern nützliche Dinge für das weitere Leben vermittelt.

Das kollektive Zusammenleben führte keineswegs zu einer »Vermassung«, sondern entwickelte wichtige Verhaltensmuster und Charaktereigenschaften jenseits von Egoismus und Egozentrismus.

Durch diese Vorschuleinrichtungen waren auch die Rahmenbedingungen für eine um 46 Prozent höhere Geburtenrate in der DDR gegenüber der BRD gegeben.

■ Was sieht die »Agenda 2010« zu diesem Thema vor?

– Ziel der Bundesregierung ist es, eine bedarfsgerechte Betreuung für Kinder und Jugendliche aller Altersgruppen zu erreichen: in guter Qualität, zeitlich flexibel, bezahlbar und vielfältig. Es muß eine Vielfalt im Angebot geben an Ganztagsschulen, Horten, Ganztagskindergärten und Kleinkindbetreuung, in Einrichtungen, durch Tagesmütter, in bürgerschaftlicher Eigeninitiative oder über kommerzielle Dienstleister. Frühkindliche Förderung braucht deshalb Leitbilder und qualitativ gute Angebote mit meßbaren Standards.

– Im Zusammenwirken von Vertreterinnen und Vertretern des Bundes, der Länder und der kommunalen Ebene, von Wissenschaften, Kindergärten und Trägern sind bereits Orientierungen im Rahmen einer gemeinsamen Qualitätsinitiative erarbeitet worden. Die damit vorgelegten Qualitätskriterien werden die Entwicklung frühkindlicher Förderung stützen.

– Die Stärkung der Familien durch bessere und mehr Betreuungsangebote spielen auch bei der Umsetzung der »Hartz-Reformen« eine wichtige Rolle. Die Minijob-Regelungen sind ein Beispiel dafür, wie die Kinderbetreuung verbessert werden kann. Außerdem wird sie steuerlich begünstigt. Dies hilft erwerbstätigen Eltern, vor allem Einelternfamilien, und eröffnet neue Möglichkeiten für qualifizierte Tagesmüttermodelle zur Betreuung von Kleinkindern.

– Obwohl Kinderbetreuung vollständig in der Zuständigkeit der Länder und Kommunen liegt, unterstützt sie der Staat durch eine Entlastung von anderen Kosten, schrittweise aufwachsend bis zu 1,5 Milliarden Euro jährlich für den Ausbau der Kinderbetreuung für die unter Dreijährigen.

– Außerdem beteiligt sich der Bund schon jetzt indirekt über den Bund-Länder-Finanzausgleich an der Kindertagesbetreuung.

Risiken und Nebenwirkungen

– Obwohl die Bundesregierung den Ausbau der Kinderbetreuung als gesamtgesellschaftliches Anliegen erkennt, überläßt sie die Finanzierung und Durchführung vorrangig den Bundesländern und Kommunen, denen immer weniger Mittel zur Verfügung stehen.

– Bei der geplanten undifferenzierten Bereitstellung der finanziellen Mittel an die Kommunen ohne Zweckvorgabe ist zu befürchten, daß das Geld für das Stopfen von Haushaltslöchern oder andere dringende Aufgaben eingesetzt wird, aber nicht für die Kindertagesbetreuung.

☐ Wir schlagen vor

– Das System der frühkindlichen Förderung wird nach dem Muster der DDR aufgebaut. Für die Kinder bis zum Alter von drei Jahren stehen ausreichend Krippenplätze und für die Vorschulkinder Kindergartenplätze zur Verfügung.

Effekte

– Frauen, die es wünschen, können berufstätig werden. Das wiederum wird dazu beitragen, das Familieneinkommen aufzubessern, die Kaufkraft zu erhöhen und die Sozialsysteme zu entlasten. Angesichts der gegenwärtigen wirtschaftlichen Situation ist, dessen sind wir uns bewußt, dies nur eine theoretische Frage. In Thüringen beispielsweise besteht eine 100prozentige Versorgung mit Kindergartenplätzen. Dennoch gehen die meisten jungen Mütter keiner Erwerbstätigkeit nach – weil es keine Arbeit für sie gibt.

– Die ganztägige Betreuung in der Gemeinschaft mit Gleichaltrigen fördert die Persönlichkeitsentwicklung der Kinder und führt nicht – wie einige »Experten« behaupten – zu Aggressivität und Gewaltbereitschaft.

– Die Zukunftschancen der Kinder sind eng mit guten Bildungs- und Betreuungsangeboten verknüpft. Bildung findet bereits im Vorschulalter statt.

Das Gesundheitssystem muß leistungsfähig werden

»Die Reform der gesetzlichen Krankenversicherung ist der notwendigste Teil der innenpolitischen Erneuerung«, postulierte Bundeskanzler Gerhard Schröder bei der Vorstellung der »Agenda 2010« am 14. März 2003. »Zur Erneuerung des Gesundheitswesens brauchen wir einschneidende Kurskorrekturen [...] Es bleibt bei dem Grundsatz: Jeder erhält die notwendige medizinische Versorgung unabhängig von Alter und Einkommen.«

Die »Agenda 2010« geht davon aus, daß die Bundesrepublik Deutschland über ein international anerkanntes Gesundheitswesen auf hohem Niveau verfüge. Um dieses Niveau zu sichern und zugleich das Gesundheitswesen bezahlbar zu halten, werde die Bundesregierung eine große Gesundheitsreform auf den Weg bringen.

Auch das Gesundheitswesen der DDR war international anerkannt. Dafür gab die DDR jährlich 4.550 Millionen Euro aus[36], das bedeutet je Einwohner etwa 1.000 DDR-Mark oder umgerechnet 273 Euro. Diese Aufwendungen wurden finanziert durch die Versicherungsbeiträge der Arbeiter und Angestellten und durch Zuschüsse des Staates. Für jeden, der den Arzt aufsuchte, erschien die medizinische Versorgung und Vorsorge als unentgeltlich. Er mußte weder etwas beim Arztbesuch bezahlen noch in der Apotheke bei Rezepten zuzahlen. Die »Pille« war ebenso gratis wie die Zahnprothese.

Es gab allerdings auch keine Kassenärztlichen Vereinigungen und rund 350 konkurrierende Kassen, deren Personal und Paläste mitfinanziert werden mußten.

Die Bundesrepublik gibt fast das Zehnfache pro Einwohner und Jahr für die gesundheitliche Betreuung aus. Das bedeutet jedoch nicht mehr Leistung. Die höheren Kosten werden verursacht durch eine teure Medizintechnik (die sich ja amortisieren muß), durch teure Medikamente (mit Überangebot und einer Vielzahl gleichwertiger, aber unterschiedlich teurer Medikamente) sowie durch den ganzen personellen Apparat, der direkt und indirekt am Gesundheitswesen und den dort umgesetzten Milliarden partizipieren möchte. Trotzdem wußte die Gesundheitsministerin die Erwartungen dort zu dämpfen. »Ich kann Sie nicht alle zu Millionären machen«[37], sagte Ulla Schmidt zu den Delegierten des Deutschen Ärztetages.

Wir haben in den Städten und Ballungszentren inzwischen ein Überangebot an Ärzten, während auf dem dünn besiedelten »flachen Land« zunehmend eine medizinische Unterversorgung droht. Die Arztstellen sind dort nicht lukrativ – die Patientenbetreuung ist aufwendiger als in der Stadt, die Wege sind lang. Die Entlohnung erfolgt nach den gleichen bürokratischen Gundsätzen wie in den Städten.

Die vermeintliche Gesundheitsreform ist keine Reform. Die meisten Gesetzesänderungen zielen auf die Einspeisung von mehr Geld in das System, ohne an dessen bürokratische Wurzeln und die Lobbyinteressen zu gehen. Wettbewerb, der doch so nützlich sein soll, findet in diesem System nicht statt. Die Ärzte werden falsch stimuliert (zum Beispiel Medizintechnik, Beratungsleistungen), der bürokratische Apparat muß sich nicht bewegen.

■ Was sieht die »Agenda 2010« zu diesem Thema vor?

– Ziele der Reform sind eine höhere Qualität der medizinischen Behandlung, mehr Wettbewerb, mehr Transparenz, mehr Effizienz und mehr Patientensouveränität.

– Die Krankenkassen erhalten die Möglichkeit, Einzelverträge mit Ärzten abzuschließen. Das Vertragsmonopol der Kassenärztlichen Vereinigungen hat sich überlebt. Die Fusion von Krankenkassen soll erleichtert werden. 350 Krankenkassen sind zu viel.

– Die Qualitätssicherung soll ausgebaut werden. Der Leistungskatalog der Gesetzlichen Krankenversicherung (GKV) wird überarbeitet. Vorschläge dahingehend, Zahnersatz, Zahnbehandlung und private Unfälle aus dem Leistungskatalog herauszunehmen, werden abgelehnt.

– Das Krankengeld wird aus der paritätischen Finanzierung der GKV herausgenommen. Die Kostenbelastung für den Einzelnen bleibt gering. Versicherungsfremde Leistungen, zum Beispiel das Mutterschaftsgeld, werden in Zukunft durch Steuern finanziert. Dazu wird die Tabaksteuer um einen Euro je Packung angehoben. Im Gegenzug zu dieser Belastung für die Raucher profitieren alle Arbeitnehmer von sinkenden Krankenkassenbeiträgen.

– Das Sterbegeld wird gestrichen; künstliche Befruchtung und Sterilisation müssen in Zukunft privat finanziert werden.

– Das Hausarztprinzip soll eingeführt werden. Patienten, die sich dafür entscheiden, erhalten einen Bonus bei der Zuzahlung zu Arzneimitteln. Die Zuzahlungen bei Arzneimitteln liegen künftig bei 4, 6 beziehungsweise 8 Euro abhängig von der Packungsgröße. Teilnehmer am Hausarztmodell oder an strukturierten Behandlungsprogrammen zahlen die Hälfte.
– Patienten, die ohne Überweisung einen Facharzt aufsuchen, zahlen für den ersten Facharztbesuch je Quartal eine Praxisgebühr von 15 Euro. Davon ausgenommen sind Arztbesuche im Rahmen von Behandlungsprogrammen, Notfälle sowie Besuche bei Kinder-, Augen- und Frauenärzten.
– Die Zuzahlungen bei Klinikaufenthalten werden auf 12 Euro je Tag für 14 Tage höchstens festgesetzt. Der Prävention und Gesundheitsvorsorge soll Vorrang eingeräumt werden.
– Der elektronische Patientenausweis und die elektronische Patientenakte werden bis 2006 eingeführt. Ärzte werden zur Fortbildung verpflichtet.
– Es wird ein »Deutsches Zentrum für Qualität in der Medizin« errichtet. Seine Aufgabe ist die Entwicklung von Behandlungsleitlinien der wichtigsten Volkskrankheiten sowie die Kosten-Nutzen-Bewertung von Arzneimitteln.
– Die Krankenhäuser sollen in bestimmten Fällen auch für die ambulante Versorgung zur Verfügung stehen. Die Patientenquittung wird eingeführt. Versicherte, die an Präventionsmaßnahmen teilnehmen, sollen in den Genuß von Bonusregelungen kommen. Die Rechte der Patienten sollen durch die Einsetzung eines Patientenbeauftragten gestärkt werden.
– Versandapotheken, so genannte Internet-Apotheken, sollen zugelassen werden. Das Verbot, mehrere Apotheken zu besitzen, wird gelockert.
– Längerfristig wirkenden Maßnahmen sollen zu einer weiteren Absenkung des Krankenkassenbeitrages führen. Als erreichbar gilt ein Krankenkassenbeitrag von 13 Prozent oder darunter. Die Arbeitgeber werden damit bei den Lohnnebenkosten und die Versicherten bei ihren Beiträgen deutlich entlastet.

Risiken und Nebenwirkungen

– »Nicht zuletzt sind solche Reformen auch notwendig, um die finanzielle Lage der Krankenkassen zu stabilisieren und die Beiträge zu senken.« Damit ist von der Ministerin Schmidt alles gesagt: Es soll die finanzielle Lage der Krankenkassen und keineswegs die Situationen der Beitragszahler verbessert werden.

– Das von der Bundesministerin Ulla Schmidt festgestellte Ergebnis ist vor allem für die Krankenkassen, die Apotheker und die Pharmaindustrie ausgewogen. Bei den Ärzten wird das unterschiedlich sein. Einige sind zufrieden, viele frustriert. Denn sie werden zum Geldeintreiber einer Maßnahme der »Gesundheitsreform«.

– Was die Bundesregierung als Gesundheitsreform vorschlägt, macht die meisten krank. Diese Reform ist ein Fischzug der Regierung für das Wohl der Kassen und der Pharmaindustrie.

☐ Wir schlagen vor

– Förderung von Ärztehäusern (Polikliniken).

– Abschaffung der Kassenärztlichen Vereinigungen.

– Deutliche Reduzierung der Zahl von Kranken- und Ersatzkassen und damit des Verwaltungsaufwandes.

– Rote Liste für unnütze und überflüssige Medikamente.

– Versicherungsfremde Leistungen werden nicht mehr von den Krankenkassen finanziert.

– Keine Zuzahlung bei Rezepten und Behandlungen.

Effekte

– Medizinische Versorgung unabhängig vom Einkommen. Der soziale Stand darf sich weder am Gebiß noch an allgemeinen Gesundheitszustand feststellen lassen.

– Der Satz »Weil du arm bist, mußt du früher sterben« gehört der Vergangenheit an.

Zum Gesundheitssystem gehört Gesundheitsvorsorge

Bundeskanzler Gerhard Schröder hat bei der Vorstellung der »Agenda 2010« am 14. März 2003 auf die Bedeutung der Prävention und Gesundheitsvorsorge hingewiesen: »Durchsetzen muß sich schließlich die Erkenntnis, daß sich Gesundheitspolitik nicht auf die Heilung von Krankheiten beschränken darf, sondern daß der Prävention Vorrang eingeräumt werden muß [...]

Wir sollten uns dabei am Vorbild der skandinavischen Länder orientieren, die durch systematische Förderung gesundheitsbewußten Verhaltens wichtige Beiträge zur Kostensenkung im Gesundheitswesen erzielt haben.« Wieso an Skandinavien?

Die DDR verfügte über ein entwickeltes Dispensaire-System. In allen Betrieben, die ab einer entsprechenden Größe über eine eigene medizinische Einrichtung verfügten, wurden die Mitarbeiter regelmäßig vorbeugend untersucht. Röntgenreihenuntersuchungen in bestimmten Abständen waren Pflicht. Frauen wurden im Rahmen einer systematischen Früherkennung auf Krebs untersucht. Die DDR führte, was weltweit einzigartig war, ein Krebsregister. Das heißt: Vorbeugung und Vorsorge wurden als gesellschaftliche Aufgabe nicht nur begriffen, sondern auch aktiv flächendeckend praktiziert.

■ Was sieht die »Agenda 2010« zu diesem Thema vor?

– Die Bundesregierung wird die Vorschriften zur Prävention in einem Präventionsgesetz zusammenfassen. Ziel ist es, die Prävention – neben Akutbehandlung, Rehabilitation und Pflege – zur vierten Säule im Gesundheitswesen auszubauen und damit die Wirksamkeit der präventiven Maßnahmen zu steigern. Mit dem Präventionsgesetz werden die vielfältigen Ansätze der Prävention auf eine solide Basis gestellt. Bestehende Regelungen werden zusammengefaßt und ergänzt, um die Kooperation zwischen den Akteuren zu verbessern und um Transparenz, Qualität und Effizienz in diesem Bereich zu erhöhen.

– Bereits am 11. Juli 2002 hat Bundesgesundheitsministerin Ulla Schmidt das »Deutsche Forum Prävention und Gesundheitsförderung« ins Leben gerufen. Zu den 63 Mitgliedern gehören unter anderem die Arbeitgeber, die Gewerkschaften, Ärztevereinigungen, Krankenkassen, Patientenverbände und der Deutsche Städtetag. Das Forum versteht sich als gemeinsame Plattform, die übergreifende Ziele, Inhalte, Maßnahmen und Instrumente der Prävention vereinbart, umsetzt und kommuniziert.

Risiken und Nebenwirkungen

– Die meisten Krankheiten sind nicht angeboren, sondern werden im Laufe des Lebens erworben. Diese Erkenntnis ist lobenswert. Die Sorge um die Auswirkungen der Gesundheitsreform und die Erwartung, daß Prävention hauptsächlich von den Betroffenen bezahlt werden muß, werden die Vorsorge der Betroffenen nicht gerade befördern.

– Mit der Erarbeitung und Ingangsetzung des Präventionsgesetz werden vor allem die Pharmaindustrie und die Apotheken bedient. Erforderlich wäre ein Gesetz zur Ausgestaltung des Gesundheitswesens, zu dem die Prävention gehört. Mit der vorgeschlagenen Regelung besteht die Gefahr erweiterter Bürokratie.

– Durch effektive Prävention und Gesundheitsförderung hat jeder Mensch die Chance, Krankheiten aktiv vorzubeugen. Ist diese Chance auch real, wenn er an den Geldbeutel denkt?

– Gesundheit ist eine wesentliche Voraussetzung für den Zugewinn an Lebensqualität, Mobilität und Leistungsfähigkeit der Bevölkerung. Es ist zu befürchten, daß ein Zugewinn an Sorgen folgen wird.

– Das »Deutsche Forum Prävention und Gesundheitsförderung« wurde ins Leben gerufen. Schon die Aufzählung der 63 Mitglieder verrät, wer sich mit welchem Gewicht zukünftig um Prävention und Gesundheitsförderung zu wessen Gunsten Gedanken macht.

□ Wir schlagen vor

– Wenn das Gesundheitswesen nach DDR-Vorbild reformiert würde, gehörte die Gesundheitsvorsorge dazu. Auch sie war unentgeltlich für die Versicherten.

Effekte

– Ein großer Teil der heutigen Gesundheitsausgaben läßt sich durch langfristige Prävention vermeiden. Prävention ist dabei als gesamtgesellschaftliche und nicht nur als gesundheitspolitische Aufgabe zu verstehen.

System der Krankenversicherung muß reformiert werden

Mit der von der Bundesregierung angekündigten Reform des Gesundheitswesens entfällt der derzeitige Wettbewerb zwischen etwa 380 gesetzlichen und privaten Krankenkassen. Das Ziel dieses Wettbewerbes besteht nicht vorrangig darin, die Volksgesundheit zu erhöhen und die Interessen der Patienten wahrzunehmen, sondern die Profite der am Gesundheitswesen Beteiligten zu erhöhen.

In der Bundesrepublik werden von den Krankenkassen 1.597 Euro pro Einwohner und Jahr[38] für Gesundheit und Medikamente ausgegeben. Das finanzieren überwiegend die Bürgerinnen und Bürger durch ihre Versicherungsbeiträge. Für die Medikamente zahlen sie zu.

Über 7 Milliarden Euro werden für die Verwaltung der Krankenversicherung (ohne Rentenversicherungsträger) ausgegeben. Das sind 5 Prozent des gesamten Leistungsvolumens und immerhin 89 Euro pro Einwohner und Jahr.

In der DDR waren es 0,73 Prozent und damit ungerechnet 2 Euro je Bürger und Jahr.[39] Die Versicherungsbeiträge und die Zuschüsse aus dem Staatshaushalt dienten also unmittelbar der gesundheitlichen Versorgung und für umfangreichere Präventivmaßnahmen, als sie derzeit von den Krankenkassen der BRD angeboten werden.

Der Verwaltungsaufwand in diesem Bereich ist gewaltig und ausschließlich Selbstzweck. Man besichtige die protzigen Zentralen, die sich in den letzten Jahren AOK, Barmer, KKH, TK und wie sie alle heißen, die an dem Gesundheitskuchen nagen, gebaut haben, und man sieht sofort, wo das Geld geblieben ist.

■ Was sieht die »Agenda 2010« zu diesem Thema vor?

– Der Leistungskatalog der Gesetzlichen Krankenversicherung (GKV) wird überarbeitet. Vorschläge dahingehend, Zahnersatz, Zahnbehandlung und private Unfälle aus dem Leistungskatalog herauszunehmen, werden abgelehnt.

Risiken und Nebenwirkungen

– Die Reform nutzt den Krankenkassen, nicht den Versicherten.

– Die Krankenkassen sollen aufgrund bestimmter Streichungen ihrer Leistungen freiwillig ihre Beitragssätze senken. Das wird nicht geschehen, wie bereits einige Kassen nach Beschluß der »Gesundheitsreform« erklärten.

□ Wir schlagen vor

– Es wird ein System der Krankenversicherung etabliert, das sich am Vorbild der DDR orientiert. In der DDR gab es eine gesetzliche Krankenkasse, die Sozialversicherung, in die alle Erwerbstätigen einzahlten.

– Reduzierung der Anzahl der Krankenkassen und damit auch des Verwaltungsaufwandes. Für die Gehälter der Angestellten der Sozialversicherung der Bundesrepublik gilt – wie in der DDR – das Besserstellungsverbot gegenüber den Durchschnittsverdiensten der Beschäftigten in den produzierenden und Dienstleistungsbereichen.

– Der Sozialversicherung wird es untersagt, mit den Beiträgen ihrer Versicherten an der Börse und auf dem Immobilienmarkt zu spekulieren.

– Die Verflechtung von Pharmaindustrie, Gesundheitswesen, Apotheken und Kassen muß beendet, zumindest transparant gemacht werden.

Effekte

– Wird der Verwaltungsaufwand der Krankenversicherung um die Hälfte reduziert, dann verringern sich die Beitragszahlungen der Versicherten um voraussichtlich 3,5 Milliarden Euro im Jahr.

Die neue Rente soll ein Gewinn an Solidarität sein

Die Bundesregierung betont, daß seit der Rentenreform im Jahr 2001 das Rentensystem in stärkerem Maße als bisher auf drei Säulen ruhe: auf der gesetzlichen Rente sowie auf der betrieblichen und privaten Altersvorsorge, die beide vom Staat gefördert werden (sogenannte Riester-Rente). Inzwischen ist klar geworden, daß diese Säulen nicht tragen, sonst müßte man nicht erneut reformieren.

Wenn die Bundesregierung tatsächlich eine Rentenreform vorhat, dann müßte sie etwas anderes einführen als die Maßnahmen der »Agenda 2010«.

Die von Bismarck im 19. Jahrhundert begründete Rente fußte auf einem Vertrag der Generationen. Die im Erwerbsleben Stehenden finanzierten den Unterhalt der aus dem Arbeitsprozeß Ausgeschiedenen. Für die Staatsdiener, die Beamten, sorgte der Staat selbst. Deren vergleichsweise niedrigen Bezüge wurden durch höhere Pensionen aufgewogen. Damit sicherte sich der Staat Treue und Loyalität während der Berufszeit: Wer riskiert schon durch Illoyalität seine Alterspension?

Dieser Generationenvertrag funktionierte so lange, wie es immer genügend Erwerbstätige gab, die kontinuierlich nachrückten, und die Zahl der Rentner, die sie zu unterhalten hatten, gleichmäßig abnahm. Die demografische und Arbeitsmarktentwicklung haben dieses Modell obsolet gemacht. Zum einen gibt es immer weniger Erwerbstätige: weil die Bevölkerungszahl schrumpft und weil die Arbeitslosigkeit wächst. Zum anderen werden die Menschen immer älter. Damit wächst stetig die Zahl der Rentner. Es wächst auch die Zahl der Staatsdiener, die nicht in die Rentenkassen einzahlen, aber auch immer älter werden und deren Altersversorgung immer mehr kostet.

Der bislang funktionierende Generationenvertrag kann immer weniger bedient werden. Die Solidarität hat objektiv Grenzen. Mithin muß über ein neues System nachgedacht werden – bei dem die Interessen aller Generationen gleichermaßen berücksichtigt werden, ohne daß sie gegeneinander gehetzt werden, was zumindest in Ansätzen heute bereits geschieht.

■ Was sieht die »Agenda 2010« zu diesem Thema vor?

– Längere Rentenlaufzeiten und veränderte Erwerbsbiografien erfordern eine Reform der gesetzlichen Rentenversicherung, die festhält am bewährten Umlagesystem und zusätzlich die private Altersvorsorge fördert. Der Staat wird die Förderung der zusätzlichen Altersvorsorge schrittweise aufbauen und in der Endstufe ab 2008 mit rund 13 Milliarden Euro unterstützen.

– Am 11. Mai 2001 ist mit der Rentenreform eine der größten Sozialreformen Deutschlands verwirklicht worden. Für die Jüngeren ist damit klar: Die Alterssicherung in Deutschland bleibt bezahlbar und hat Zukunft. Und die Älteren haben Gewißheit, daß ihre Renten auch weiter steigen.

– Beide Generationen leisten damit einen fairen Beitrag zur Sicherung der Renten, der die Belastungsgrenzen der jüngeren Generation berücksichtigt und die Rentnerinnen und Rentner angemessen beteiligt. Zusätzliche Altersvorsorge – ob privat oder betrieblich – soll sich jeder leisten können. In der Endstufe fördert sie der Staat.

– Die mit Zulagen und steuerlichen Vergünstigungen staatlich geförderte zusätzliche Altersversorgung ist das Herzstück der Reform. Davon werden gerade auch geringverdienende Arbeitnehmerinnen und Arbeitnehmer profitieren, wenn sie in die private Altersvorsorge investieren. Selbst wenn ihr Einkommen also nicht so hoch ist, werden sie künftig in der Lage sein, zusätzlich vorzusorgen.

– In Zukunft ruht das Rentensystem auf mehreren Säulen: der auf Solidarität gegründeten staatlichen Rente und der auf Eigeninitiative und Förderung basierenden zusätzlichen Altersvorsorge, privat und im Betrieb. Die neue Rente verbindet so, was allen Generationen nützt: Solidarität mit Gewinn.

Risiken und Nebenwirkungen

– Die Rentenreform ist eine Bankrotterklärung. Die Rentenkassen sind leer. Zum wiederholten Male sind Steuererhöhungen zur Sicherung der Renten vorgenommen worden.

– Die Rentenreform ist in Deutschland eine Geldfrage, nicht eine gesellschaftliche Aufgabe. Wenn die Rente sicher werden soll, dann muß sich etwas am System ändern.

☐ Wir schlagen vor

– Ein Rentensystem aufzubauen, daß dem Grundsatz der Gleichheit folgt: Jeder, der gearbeitet und/oder Kinder bekommen und erzogen hat, erhält im Alter einen Mindestbetrag, der zum Leben reicht. Wem das zuwenig ist, kann privat vorsorgen.
– Die Rente wird ab einem bestimmten Alter gezahlt. Doch wer länger arbeiten kann und will, nimmt sie nicht in Anspruch.
– Die Finanzierung erfolgt aus dem Staatshaushalt, nicht aus einer imaginären Rentenkasse. Damit würde nur legalisiert werden, was ohnehin bereits Tendenz ist.

Effekte
– Alle Menschen kommen sicher in den Genuß eines ausreichend finanzierten Lebensabends in Würde.
– Verwaltungsaufwand und damit verbundene Kosten werden reduziert.

Die Renten nachhaltig sichern

Bundeskanzler Gerhard Schröder hat in seiner Regierungserklärung zur »Agenda 2010« am 14. März 2003 darauf hingewiesen, daß die Reform der Rentenversicherung im Jahr 2001 eine der wichtigsten rentenpolitischen Entscheidungen seit Einführung der dynamischen Rente im Jahre 1957 sei.

Wegen der Beschäftigungsentwicklung und der wachsenden durchschnittlichen Lebenserwartung sei es aber nötig, bei der Rentenversicherung nachzujustieren. »Dabei muß der Grundsatz beibehalten werden, daß die Renten für die alten Menschen so sicher wie nur irgendwie möglich gemacht werden und die Beiträge bezahlbar bleiben. Das heißt auch, daß wir noch in diesem Jahr von der Rürup-Kommission ergänzende Vorschläge erwarten, wie die Rentenformel angesichts dieser Veränderungen neu zu fassen und entsprechend anzupassen ist.«

Die Vorschläge der Rürup-Kommission befaßten sich mit dem Rentensystem für den »Normalbürger«, der seine Versicherungsbeiträge in die Rentenkassen einzahlt. Die gesetzlichen Regelungen für die Pensionen der Beamten und die Altersversorgung der Angestellten des öffentlichen Dienstes standen nicht zur Disposition.

Die Beamtenpensionen und Zusatzversorgungen der öffentlich Bediensteten kosten den Steuerzahler jährlich mindestens 34 Milliarden Euro.

Im Jahr 2020 werden es nach dem Versorgungsbericht des Bundesinnenministers 75 Milliarden Euro sein.

Spätestens im Jahr 2040 ist der Beamtenstaat Deutschland zahlungsunfähig, weil er die mehr als 100 Milliarden Euro für seine pensionierten Diener nicht mehr aufbringen kann.[40]

Allein für die Pensionen der ehemaligen Postbeamten und ihrer Hinterbliebenen muß der Bund zwischen 2003 und 2090 rund 580 Milliarden Euro aus seinem Haushalt bezahlen. Der Höchststand wird im Jahr 2018 mit 294.000 Versorgungsempfängern erreicht werden. In diesem Jahr, 2004, fallen 6,95 Milliarden Euro an, wovon Post und Telekom 1,54 Milliarden tragen, 5,41 Milliarden der Bund.

Nun könnte man ja darauf verweisen, daß der Bund bei der Privatisierung der Post-Nachfolgeorganisationen genügend einnimmt und mit diesen Erlösen diese Verpflichtungen bestreiten könne.

Die aus dem Verkauf der Post- und Telekomaktien erzielten Einnahmen wurden nicht für die Finanzierung der Versorgungspflichtungen eingesetzt, sondern dientem dem Stopfen aktueller Haushaltslöcher.

Die *Frankfurter Allgemeine Sonntagszeitung* stellte dazu am 28. Dezember 2003 sachlich fest: »Der Rechnungshof hat bereits mehrfach kritisiert, daß der Bund systematisch seine Pensions- und Beihilfeverpflichtungen für die ehemaligen Postbeamten unterschätzt. Und es sind ja nicht nur die Postbeamten: Bund, Länder und Kommunen vermeiden als Arbeitgeber die Sozialabgaben, die sie anderen auferlegen. Rücklagen, aus denen die Lasten gezahlt werden können, gibt es nicht. Die Pensionslast sehen die Steuerzahler erst später. Die Postbeamten sind nur die Spitze des Eisbergs, allerdings eine ziemlich breite Spitze.«

Zu den ersten Maßnahmen der sowjetischen Besatzungsmacht auf deutschem Boden gehörte übrigens das Verbot menschenunwürdiger Kellerwohnungen und die Abschaffung der Beamten. Die DDR tat gut daran, später diese Entscheidungen nicht rückgängig zu machen. Zur Durchsetzung hoheitlicher Aufgaben, das bewies die DDR 41 Jahre erfolgreich, brauchte man keine unter der Fahne und auf die Fahne vereidigten Beamten.

■ Was sieht die »Agenda 2010« zu diesem Thema vor?

– Die Renten sollen sich zukünftig nur entsprechend der versicherungspflichtigen Einkommen entwickeln. Bei der Anpassung der Renten wird heute zugrunde gelegt, wie sich die durchschnittlichen Arbeitnehmerentgelte (Brutto) im Vorjahr entwickelt haben.

– Die Altersgrenzen sollen angehoben werden. Die Rürup-Kommission schlägt vor, die Regelaltersgrenze ab dem Jahr 2011 stufenweise – pro Jahr um einen Monat – von 65 auf 67 Jahre anzu heben. Für den Geburtsjahrgang 1946 soll die Regelaltersgrenze danach 65 Jahre und einen Monat betragen. Für jeden weiteren Geburtsjahrgang wird eine Anhebung um einen Monat vorgeschlagen, so daß sie im Jahr 2035 bei 67 Jahren liegen würde. Die neue Regelaltersgrenze von 67 Jahren soll für die Geburtsjahrgänge 1969 und jünger gelten.

– Die Möglichkeiten eines vorgezogenen Rentenbezuges sollen erhalten bleiben, aber parallel zur Anhebung der Regelaltersgrenze verschoben werden.

– Ein Nachhaltigkeitsfaktor soll eingeführt werden. Um den An-

stieg des Beitragsatzes zu mäßigen und das Rentenniveau stabil zu halten, wird vorgeschlagen, die Rentenanpassungsformel zu ändern. Die jährlichen Rentensteigerungen werden leicht gedämpft, um die in der Rentenreform 2001 vorgegebenen Beitragssatzziele aufrecht erhalten zu können. So würde der Beitragssatz bis zum Jahre 2030 unter 22 Prozent gehalten werden können.
– Die Bundesregierung hält die Vorschläge zur allmählichen Verlängerung der Lebensarbeitszeit unter Berücksichtigung der Arbeitsmarktlage, ergänzt um gut durchdachte und wirksame Härtefallregelungen für einen gangbaren Weg, um den Herausforderungen der demografischen Entwicklung wirksam zu begegnen. Wichtig ist, daß dabei die soziale Balance gewahrt bleibt.
– Den Unternehmen kommt bei einer allmählich verlängerten Lebensarbeitszeit eine Schlüsselrolle zu, da sie ausreichend Arbeitsplätze zur Verfügung stellen müßten. Zugleich hat die Bundesregierung klargestellt, daß es für Änderungen in der Rentenanpassung 2004 jetzt keinen Entscheidungsbedarf gibt.

Risiken und Nebenwirkungen

– Die Berechnung der Rente ist nicht mehr transparent. Die Rentenversicherten können nicht nachvollziehen, für welche Rentenhöhe sie in die Kasse einzahlen. Es handelt sich immerhin um ihr Geld.
– Obgleich die Altersarbeitslosigkeit dramatisch zunimmt (wer die 40 überschritten hat, gilt als alt und auf dem ersten Arbeitsmarkt als nahezu unvermittelbar), soll die Lebensarbeitszeit verlängert werden. Rente soll es (bei Männern) nicht mit 65, sondern erst mit 67 geben. Das entlastet vielleicht die Rentenkasse, belastet aber die Kasse, aus der Arbeitslosigkeit finanziert wird. Volkswirtschaftlich ist das unsinnig, menschlich unanständig.
– Die Rürup-Kommission verweist darauf, daß alle europäischen Gesellschaften rapide altern. Immer mehr Menschen bezögen immer länger Rente. Immer weniger Beitragszahler kämen für die Rente auf. Das klingt wie ein Vorwurf: Wieso werden die überhaupt so alt! Fast könnte man meinen, daß die »Gesundheitsreform« als eine Seite der »Rentenreform« verstanden wird. Je rascher man die Leute unter die Erde bringt, desto günstiger für die Rentenkasse und den Staat, der sie verwaltet.

☐ Wir schlagen vor

– Alle Bürgerinnen und Bürger, die monatliche Bezüge von öffentlichen oder privaten Arbeitgebern erhalten, zahlen in die Rentenkasse ein.

– Die Rentenversicherung wird völlig anders organisiert. Die Rentenversicherungsträger werden zu einer Bundesbank für Renten entwickelt. Die Beitragszahler sind per Gesetz verpflichtet, bei dieser Bank ein Rentenkonto einzurichten. Das Konto bleibt bis zum gesetzlichen Rentenalter unangetastet. Die Versicherungsbeiträge werden wie Festgeld verzinst.

– Trifft der Versicherte private Vorsorge, gehen die Beiträge auf das gleiche Rentenkonto und liegen fest.

– Die bisher gezahlten Beiträge werden mit Zinsen von der Bundesanstalt für Angestellte auf die Rentenkonten ausgezahlt.

– Die Rentenversicherung wird transparent gemacht. Die Versicherten müssen nachrechnen könnne, in welcher Höhe, abhängig von ihren Beiträgen, ihre Rente liegen wird.

– Die Rentenversicherung wird von versicherungsfremden Leistungen befreit, zum Beispiel der Versorgung von Kriegsopfern und Hinterbliebenen.

Effekte

– Auf die Rentenkonten fließen aus zusätzlicher gesetzlicher Rente 15 Milliarden Euro und weitere Milliarden aus der privaten Vorsorge.

– Die Befreiung der Rentenkassen von den Lasten, die eigentlich die Gemeinschaft der Steuerzahler zu tragen hat, bedeutet eine Entlastung um über 50 Milliarden Euro im Jahr. Um diesen Betrag könnten die Beiträge sinken.

– Der Staat zahlt mindestens 34 Milliarden aus eingesparten Beamtenpensionen und Zusatzversorgungen der Arbeiter und Angestellten des öffentlichen Dienstes dazu.

– Eingespart werden außerdem an Verwaltungsarbeit etwa 9 Milliarden Euro.

Mehr Geld für die Kommunen

»Die Bundesregierung wird zum 1. Januar 2004 die Gemeindefinanzen grundlegend reformieren«, so Bundeskanzler Gerhard Schröder bei der Vorstellung der »Agenda 2010« am 14. März 2003. »Im Mittelpunkt wird eine erneuerte Gewerbesteuer stehen, die die Einnahmen verstetigt und den Gemeinden mehr Eigenverantwortung gibt.«

Laut Grundgesetz sind die Kommunen die Basis des Rechtsstaates. In der Praxis hat sie der Rechtsstaat in eine miserable Lage gebracht.

■ Was sieht die »Agenda 2010« zu diesem Thema vor?

– Durch die Gemeindefinanzreform soll die Finanzkraft der Kommunen nachhaltig gestärkt und die sich abzeichnende Wachstumserholung gefördert werden. Bereits 2004 ist eine Entlastung der Kommunen in Höhe von 4,5 Milliarden Euro vorgesehen. Von 2005 an sollen es jährlich rund 5 Milliarden Euro sein: 2,5 Milliarden Euro durch die Weiterentwicklung der Gewerbesteuer, 1,5 Milliarden Euro für den Ausbau der Kinderbetreuung und der restliche Betrag aus der Zusammenlegung von Arbeitslosen- und Sozialhilfe.

– Städte und Gemeinden erhalten so mehr Spielraum für Investitionen vor Ort, zum Beispiel für die Modernisierung von Schulen, die Reparatur von Straßen oder die Erhaltung anderer öffentlicher Einrichtungen.

– Steuern, die bisher in die Kassen von Bund und Bundesländern fließen, werden in die Gemeindekassen umgelenkt. Die Gewerbesteuer wird weiterentwickelt zur Gemeindewirtschaftssteuer. Sie kann – wie bisher die Gewerbesteuer – bei der Einkommenssteuer in Abzug gebracht werden. Bei der weiterentwickelten Gewerbesteuer werden Freiberufler wie Anwälte, Ärzte oder Architekten sowie Handwerker und andere Gewerbetreibende steuerlich gleich behandelt.

– Großunternehmen, die Gewinne erwirtschaften, sollen auch dort, wo sie ihren Sitz haben, Steuern zahlen. Dazu werden bisherige steuerliche Gestaltungsmöglichkeiten wie die Verrechnung oder Verlagerung von Gewinnen eingeschränkt.

Risiken und Nebenwirkungen

– Die Gemeindefinanzreform soll die Kommunen entlasten. Da ist viel Wunschdenken dabei. Die Kassen der Kommunen werden erst dann voller, wenn sie einen größeren Teil von den Einnahmen abbekommen, die sich der Staat von den Menschen holt.

– Es ist schon fraglich, ob die Zusammenlegung von Arbeitslosen- und Sozialhilfe die Kommunen entlastet. Wenn die gewollten Effekte nicht eintreten, bleibt die Wirkung eh an den Kommunen hängen. Nicht nachzuvollziehen ist, wie die neue Form der Gewerbesteuer für Freiberufler die Steuer-Schlupflöcher für Großunternehmen schließen soll. Freiberufler sind keine Großunternehmer.

– Wenn gesagt wird, daß von einer höheren Besteuerung der Freiberufler keine Rede sein könne, dann ist nicht zu verstehen, warum bei dieser Gruppe eine Gewerbesteuer erhoben wird? Das Argument, man wolle damit die Freiberufler steuerlich gleichstellen, ist absurd.

– Bundesminister Wolfgang Clement wies darauf hin, daß nach dem neuen Verfahren rund 80 bis 90 Prozent der Unternehmen gar keine Gewerbesteuererklärung mehr abgeben müßten. Dies sei eine gewaltige Vereinfachung, ein Bürokratieabbau erster Güte.

Wer versteht diese Logik?

□ Wir schlagen vor

– Die Kommunen erhalten genügend finanzielle Mittel, um ihre Aufgaben zu erfüllen.

– Eine als kommunale Wirtschaftssteuer getarnte Gewerbesteuer für Freiberufler wird nicht eingeführt, weil nach unserem Steuergesetz dort keine Gewerbesteuer mehr erhoben wird.

– Die Kreisumlage wird abgeschafft.

Effekte

– Die Kommunen erlangen tatsächlich Finanzhoheit und genügend finanzielle Mittel, um ihre Aufgaben zu erfüllen.

Kreditanstalt für Wiederaufbau

Gerhard Schröder betonte in seiner Regierungserklärung am 14. März 2003, daß die Programme für mehr Investitionen und in der Bauwirtschaft für mehr Arbeit sorgen werden. »Es kommt den Bürgerinnen und Bürgern und denen unmittelbar zugute, die in kleinen und mittelständischen Betrieben arbeiten.«

Der Kanzler unterstrich, daß die Programme kein kurzfristiges und schuldenfinanziertes Konjunkturprogramm darstellten. »Für die Finanzierung nimmt der Bund weder neue Schulden auf, noch werden Steuern erhöht. Zwei neue Kreditprogramme des Bundes sollen ab sofort die Investitionskraft der Kommunen stärken und Immobilienbesitzer bei Modernisierungsmaßnahmen unterstützen.«

Die Kreditanstalt für Wiederaufbau (KfW), 1948 als öffentlich-rechtliche Spezialbank von Bund und Ländern gebildet, verwaltet das ERP-Sondervermögen (ERP = *European Recovery Programm*, »Marshall-Plan«). Die Bundesregierung erhielt 1,7 Milliarden US-Dollar als Grundstock. Mit diesem Geld wird seither gearbeitet.

1994 wurde das Vermögen der DDR-Staatsbank in die KfW überführt und trägt gesamtdeutsch Nutzen.

■ Was sieht die »Agenda 2010« zu diesem Thema vor?

– Bei der Kreditanstalt für Wiederaufbau sind zinsverbilligte Darlehen für kommunale Infrastrukturmaßnahmen und für private Wohnraummodernisierung abrufbar. Die Bundesregierung stellt für diese Kreditprogramme Haushaltsmittel von insgesamt 1,03 Milliarden Euro zur Verfügung. Damit können Kredite für dringend benötigte Investitionen mit einem Gesamtvolumen von rund 15 Milliarden Euro zu deutlich günstigeren Konditionen vergeben werden.

– Das Wohnraum-Modernisierungsprogramm richtet sich an alle Immobilienbesitzer, die modernisieren wollen. Gefördert werden Modernisierungs- und Instandsetzungsmaßnahmen an selbst genutzten und vermieteten Wohngebäuden sowie Wohnumfeldmaßnahmen bei Mehrfamilienhäusern.

– In dem bestehenden KfW-Infrastrukturprogramm wird ein Sonderfonds »Wachstumsimpulse« aufgelegt. Das Programm dient der Finanzierung von Investitionen in die kommunale Infrastruktur, beispielsweise Investitionen in die Wasserversorgung und Abwasserentsorgung, in abfallwirtschaftliche Prozesse und in die soziale Infrastruktur.

– Die Programme enthalten Maßnahmen zur nachhaltigen Stärkung der Finanz- und Investitionskraft der Kommunen. Außerdem werden die Gemeinden von ihrem Beitrag zur Finanzierung des Flutopferfonds befreit. Das entlastet die Gemeinden von Ausgaben in Höhe von rund 800 Millionen Euro.

Risiken und Nebenwirkungen

– Durch die Auswirkungen von Basel II erhöhen sich die Anforderungen an die Bonität von Kreditnehmern.

– Es ist schwer nachzuvollziehen, welchen Nutzen die Programme für die Bürgerinnen und Bürger haben. Wir befürchten, daß sie vielmehr Quellen für ein Wohlstandswachstum Privilegierter werden.

□ Wir schlagen vor

– Die Kreditanstalt für Wiederaufbau und ihre Programme werden eingestellt.

– Die Länder reduzieren die 13 Landesbanken und ihre 651 Bankstellen in Deutschland auf eine Größe, die für die Verwaltung der Landesgelder notwendig ist.

Effekte

– Der Wegfall der KfW bringt 1,030 Milliarden Euro zuzüglich der Einsparung durch Reduzierung der Landesbanken.

– Außerdem werden Quellen für Spekulationen und Korruption trockengelegt.

– Die Kommunen werden um rund 800 Millionen Euro entlastet.

Die Finanzen des Staates müssen gesunden

Die »Agenda 2010« enthält kein Wort darüber, wie der Schuldenberg, den die Regierungen – ob schwarzgelb oder rotgrün - in den vergangenen Jahrzehnten aufgehäuft haben, abgetragen werden soll. Er hat immerhin die stattliche Größe von 1,2 Billionen Euro. Jährlich müssen über 67 Milliarden Zinsen[41] bezahlt werden, die wiederum für soziale und Zukunftsausgaben fehlen.

Fast jeder vierte Euro des Bundeshaushaltes wird inzwischen für den Schuldendienst ausgegeben.

Seit den 50er Jahren hat die Verschuldung der Bundesrepublik Deutschland von Jahr zu Jahr zugenommen. Zum Zeitpunkt der Währungsunion betrug die Pro-Kopf-Verschuldung der Bürgerinnen und Bürger der alten Bundesländer das Dreifache der Pro-Kopf-Verschuldung der DDR-Bürgerinnen und DDR-Bürger (auf DM-Basis berechnet).[42]

Im vereinigten Deutschland beträgt die Pro-Kopf-Verschuldung 11.807 Euro, die Zinsbelastung erreichte 809 Euro pro Person.[43]

Die Staatsverschuldung gefährdet das deutsche Kreditstanding im Ausland und die Einhaltung der Vorgaben der Europäischen Währungsunion.

Sie blockiert wegen der Zinskostenbelastung die Budgetgestaltung künftiger Jahrzehnte.[44]

Für das Schuldenmachen der BRD werden von Politik und Wissenschaft zwei Begründungen gegeben. Ursache seien die steigenden und nicht mehr finanzierbaren Sozialleistungen und seit 1990 die Kosten der Wiedervereinigung.

Beide Behauptungen halten einer sachlichen Überprüfung nicht stand. Die Hauptursache für die Staatsschulden sehen wir in den ausufernden Ausgaben des Staates.

Schuld an den Schulden sind also gerade nicht die Sozialleistungen, sondern die Verschwendung des ausufernden Reichtums.

Die deutsche Einheit kann nicht zur höheren Staatsverschuldung beigetragen haben, da die Wirtschaft aus dem Beitritt der DDR zusätzliche Gewinne in Höhe von 109 Milliarden Euro erzielte und insgesamt die Bundesrepublik Vermögenswerte der

DDR in Höhe von mindestens 1,8 Milliarden Euro vereinnahmte.

Obgleich die DDR seit Mitte der 70er Jahre als bankrott galt, genoß sie auf den Finanzmärkten trotzdem einen guten Ruf. Sie bediente regelmäßig ihre Kredite.

Die volkswirtschaftliche Fehlentwicklung aus der bisherigen Steuerpolitik ist eindeutig. Durch die übermäßige Besteuerung des Faktors Arbeit wurde innerhalb von vierzig Jahren zwar die Effizienz der Arbeit um 260 Prozent gesteigert. Aber den arbeitenden Menschen blieb immer weniger, nicht einmal mehr die Hälfte ihres Arbeitsentgeltes, für ihren Lebensunterhalt, für die Inanspruchnahme von Konsumgütern und Dienstleistungen. Das wiederum bremst die wirtschaftliche Entwicklung.

□ Wir schlagen vor

- Es wird ein Zinsmoratorium für 6 Jahre aufgestellt. Jährlich werden 200 Milliarden Euro für die Tilgung eingesetzt. Die Mittel werden durch die Kürzung der Bezüge derer erwirtschaftet, die den Schuldenberg zu verantworten haben.
- Die Bezüge der Mitglieder des Bundestages und der Landtage, der Beamten, Bediensteten und Angestellten der Bundesregierung, Landesregierungen, Verwaltungen und Ämter werden halbiert. Auf diese Weise werden jährlich 90 Milliarden Euro frei.
- Die Versorgungssysteme für ausscheidende Abgeordnete, Beamte, Bedienstete und Angestellte des öffentlichen Dienstes werden eingestellt. Dadurch werden jährlich noch einmal mindestens 90 Milliarden Euro frei.
- Reduzierung der Besteuerung des Faktors Arbeit und stärkere Besteuerung des Kapitals, der Rohstoffe, der Energie, der Anlagen und der Luxusgüter.

Effekte

- Innerhalb von sechs Jahren ist der Schuldenberg abgetragen. Das erspart zukünftigen Generationen Tilgung und Zinsen gigantischen Ausmaßes.
- Die Bezüge und Versorgungssysteme der Abgeordneten und Staatsdiener werden im Sinne des Grundgesetzes und des darin verbürgten Prinzips, daß alle Menschen gleich sind, reguliert.
- Eine solche Steuerreform würde Arbeit verbilligen.
- Die spürbare Besteuerung von Aktiengewinnen würde eine Ausweitung des Reichtums begrenzen. Abgaben auf Ressourcen und Energie könnten auf ökologischen Gewinn zielen.

Der alternative Haushalt

Wir zählen zusammen und kommen zu folgendem Ergebnis: Durch eine Politik, die andere Prioritäten setzt, kann viel Geld eingespart und für die Erhaltung und den Ausbau des Sozialstaates ausgegeben werden. Wir geben denen eine Chance mitzusparen, die das Volk zwar zum Sparen aufrufen, sich selbst aber dabei vergessen. Natürlich wissen wir, daß für unsere Agenda Gesetze geändert werden müssen. Darin sehen wir kein Hindernis, die »Agenda 2010« erfordert ja auch Gesetzesänderungen.

Reduzierung der Ausgaben	
Verteidigungshaushalt	12 Milliarden Euro
Ausgaben für den öffentlichen Dienst	96 Milliarden Euro
Abbau von Bürokratie	50 Milliarden Euro
Vermeiden von Fehlleistungen der Beamten	15 Milliarden Euro
Einstellen von Regierungsbauten	25 Milliarden Euro
Wegfall von Beamtenpensionen und Zusatzversorgungen	34 Milliarden Euro
Wegfall der Frühpensionierungen	2 Milliarden Euro
Entlastung der Rentenkassen	50 Milliarden Euro
Einsparung der Verwaltung der Rentenkassen	9 Milliarden Euro
Wegfall der Subventionen für die Industrie	20 Milliarden Euro
Einsparung durch das neue Arbeitsamt	3 Milliarden Euro
Optimierung der Einführung der Ganztagsschule	2 Milliarden Euro
Optimierung der Ausgaben für Wissenschaft und Forschung	4 Milliarden Euro
Wegfall KfW	1 Milliarde Euro
Summe der Ausgabenreduzierungen aus den wichtigsten Posten	323 Milliarden Euro
Erhöhung der Einnahmen	
Abgaben der Wirtschaft	345 Milliarden Euro
Bekämpfung von Wirtschaftskriminalität und Steuerhinterziehung	50 Milliarden Euro
Abschaffung Ehegattensplitting	22 Milliarden Euro
Summe der Einnahmenerhöhung aus den wichtigsten Posten	417 Milliarden Euro

Bei Umsetzung der von uns vorgeschlagenen Maßnahmen könnten also insgesamt mindestens 740 Milliarden Euro zusätzlich für die Finanzierung der Wirtschafts- und Sozialpolitik zur Verfügung stehen.

Alternativer Haushalt

	Einnahmen	Ausgaben
	in Milliarden Euro	
Abgaben der Wirtschaft	345	
Schuldentilgungsfonds		200
Lohnsteuer	181	
Öffentliche Ausgaben		216
Einkommenssteuer	49	
Sozialsysteme		343
Kapitalertragssteuer	46	
Wissenschaft und Forschung		20
Körperschaftssteuer	87	
Ökologisches Investitionsprogramm		75
Verbrauchssteuer	174	
Bildungssystem		80
Erbschaftssteuer	7	
Aktive Arbeitsmarktpolitik		31
Grundsteuer	14	
Öffentliche Beschäftigung		38
Gewinnabgabe DDR-Beitritt	109	
Aufschwung Ost		109
Sonstige Einnahmen	112	
Verteidigung		12
Summe	1.124	1.124

Wir haben uns bei der Aufstellung des alternativen Haushaltes am Haushaltsgesetz 2002, dem Statistischen Jahrbuch 2002 des Statistischen Bundesamtes und dem Memorandum 2003 der Alternativen Wirtschaftswissenschaftler orientiert. Vergleichbare Angaben betreffen überwiegend das Jahr 1999 und nur teilweise das Jahr 2001. Die Trennung zwischen Bund- und Länderhaushalten erschwert die Darstellung im Sinne einer volkswirtschaftlichen Gesamtrechnung.

Schluß

Eine Politik, die andere Prioritäten setzt, kann Geld einsparen und/ oder einnehmen, wo es bisher nicht geschah, und dieses für die Erhaltung und den Ausbau der sozialen Sicherungssysteme ausgeben. Natürlich geht es nicht nur um Umverteilung, sondern auch um Investitionen, um Anreize und materiell untersetzte Motivationen.

Will man die Massenarbeitslosigkeit ernsthaft bekämpfen und den Herausforderungen des 21. Jahrhunderts erfolgreich begegnen, ist es zwingend erforderlich, die extreme Abgabenbelastung der Arbeit radikal zu senken. Es ist falsch, daß Arbeitende Nichtarbeitende ernähren müssen. Auf 1 Euro Lohn kommt dadurch inzwischen noch einmal 1 Euro Steuern und Abgaben.

Es ist zwingend erforderlich, diesen von der Politik konstruierten Zusammenhang aufzulösen.

Wir meinen, daß praktische Regierungspolitik mit ihren Reförmchen weniger den Menschen als vielmehr der besseren Entfaltung des Kapitals dient. Es war die größte historische Leistung der DDR, daß sie die Herrschaft des Kapitals aufhob.

Im Kern geht es auch bei der »Agenda 2010« immer um die Stabilisierung des bestehenden Systems und nicht darum, es in Frage zu stellen.

Der Sinn der »Agenda 2010« besteht darin, die Schritte des Niederganges klein und das Tempo gering zu halten, um die Betroffenen die Verschlechterung der Lebensverhältnisse nicht schlagartig, sondern lediglich dosiert spüren zu lassen. Sonst könnte der soziale Frieden in Gefahr geraten. Die Mauern des Sozialstaates müssen langsam abgetragen werden, Stück um Stück, damit's keiner merkt.

Forderungen nach einer »Zivilisierung« des Kapitalismus gibt es aus allen gesellschaftlichen Kreisen. Es werden Egoismus, Brutalität, Ellenbogenmentalität, Raffgier, Verrohung, Kriminalisierung usw. selbst von Exponenten dieses Systems kritisiert. Heiner Geißler, lange Jahre CDU-Generalsekretär unter Kohl, forderte: »Wir müssen uns wieder auf die Grundlage unseres Zusammenlebens besinnen. Zur Botschaft Jesu gehörten die Unantastbarkeit der Menschenwürde und soziale Verantwortung.«

Solche Aussagen sind ehrenwert, aber wirkungslos. Der Kapitalismus wird sich nicht zivilisieren lassen.

Er muß überwunden werden.

Man kann es auch poetischer mit Brecht formulieren, falls manchem dieser Schluß zu brutal klingt:

»Anstatt nur gütig zu sein,
bemüht euch, einen Zustand zu schaffen,
der die Güte ermöglicht, und besser:
sie überflüssig macht!«

Aber: Wir haben uns zunächst auf das Angebot der Bundesregierung eingelassen und die von ihr vorgegebenen Spielregeln akzeptiert.

Unsere Darstellung stützte sich auf Mitteilungen der Bundesregierung über die »Agenda 2010« sowie auf statistische Jahresberichte der DDR und der BRD. Wir suchten und fanden Literatur in den eigenen vier Wänden und in Bibliotheken. Wir vertrauten den Statistiken – auf beiden Seiten. Wir verglichen Vergleichbares und kamen zu überraschenden Ergebnissen. Es ist erstaunlich, mit wieviel weniger Staat die DDR auskam.

Es verblüfft, daß die »Verteidiger der freiheitlich-demokratischen Grundordnung« weitaus mehr Mittel für Soldaten und Waffen benötigen als diejenigen, welche die angebliche Gefahr verkörpert haben sollen.

Das Abgaben- und Steuersystem der DDR war einfacher und transparenter. Die Sozialsysteme standen unverrückbar.

Bestimmt war manches nicht nobel genug für Besserverdienende. Es war aber solide für alle: Jugendförderung, Bildungswesen, Gesundheitswesen, Kultur und Sport, Altersversorgung.

Der Staat achtete darauf, daß die Systeme für alle ausreichend, stabil finanziert und sicher waren.

Wir hatten vor, die Haushalte der DDR und der BRD gegenüberzustellen. Unser Problem war, daß wir den Gesamthaushalt der Bundesrepublik nirgendwo ausgewiesen fanden. Die Regierung der DDR veröffentlichte ihren Haushalt jedes Jahr in der Zeitung, nämlich immer dann, wenn der vom abgelaufenen Jahr öffentlich abgerechnet und der für das folgende Jahr öffentlich vorgestellt wurde. Soviel Transparenz gab es im »Unrechtsstaat«.

Der Haushalt der freiheitlich-demokratischen Bundesrepublik ist offenbar ein Staatsgeheimnis.

Wir ahnen, daß man uns vorwerfen wird, daß unsere Rechnungen die von Milchmädchen seien. Man wird uns andere Rechnungen vorlegen und andere Ergebnisse präsentieren.

Wir verbürgen uns nicht für das Detail, aber für die Tendenz. Man kann uns vorrechnen, was man will, die Lebenshaltungskosten sind in den vergangenen Jahren gestiegen, besonders drastisch nach der Einführung des Euro.

Auch mit der »Agenda 2010« wird sich diese Tendenz fortsetzen. Es ist unlogisch, einerseits von Rezession und leeren Kassen zu reden, und andererseits Steuersenkungen anzukündigen. Am Ende wiegen die Steuersenkungen die steigenden Lebenshaltungskosten nicht auf, und die Kaufkraft wird weiter geschwächt.

Mit unseren Berechnungen und Schlußfolgerungen wollten wir auch einen Beitrag leisten, um den von der politischen Klasse vertieften Graben zwischen Ost und West etwas auszufüllen. Die Bürgerinnen und Bürger der westdeutschen Bundesländer sollen sehen, wer ihnen die Münzen und Scheine aus der Tasche zieht. Es sind nicht die Ostdeutschen!

Für wen ist also die »Agenda 2010« gut?

Anhang

Literaturverzeichnis

Blessing, Klaus: Ist sozialistischer Kapitalismus möglich? Erfahrungen und Schlußfolgerungen aus zwei Gesellschaftssystemen, edition ost Berlin 2003
Handbuch zur deutschen Einheit 1949-1989-1999, Bundeszentrale für politische Bildung
Hankel, Wilhelm: Die sieben Todsünden der Vereinigung, Siedler Verlag, 1993
Luft, Christa: Die nächste Wende kommt bestimmt, Texte zur Zeit, Aufbau-Verlag Berlin 1994
Nolte, Dirk; Ralf Sitte, Alexandra Wagner (Hrsg.): Wirtschaftliche und soziale Einheit Deutschlands. Eine Bilanz, Bund-Verlag 1995
Ogger, Günter: Absahnen und abhauen – Deutschland vor dem Chaos, Bertelsmann, 1998
PHOENIX am 7.8.2003, 18:30 Uhr: Das Märchen von der gerechten Steuer, erzählt von Günter Ederer
Statistisches Jahrbuch 1993 für die Bundesrepublik Deutschland
Statistisches Jahrbuch 2001 für die Bundesrepublik Deutschland
Statistisches Jahrbuch der DDR 1989, Berlin 1990
Wenzel, Siegfried: Was war die DDR wert?, Das Neue Berlin 2000
Wenzel, Siegfried: Was kostet die Wiedervereinigung?, Das Neue Berlin 2003
Zinn, Karl Georg: Sozialstaat in der Krise, Aufbau-Verlag Berlin 1999

Anmerkungen

1 Hans-Dieter Schütt: Rebellion der Neuzeit: Kreisverkehr. Neues Deutschland vom 27./28. Dezember 2003.
2 Siegfried Wenzel, Was war die DDR wert?, S. 170 ff
3 Siegfried Wenzel, Was kostet die Wiedervereinigung?, S. 241
4 Siegfried Wenzel, Was war die DDR wert?, S. 171 ff
5 Christa Luft, Die nächste Wende kommt bestimmt, S. 19
6 Wilhelm Hankel, Die sieben Todsünden der Vereinigung, S. 16
7 Hartmut Tofaute, Kosten der Einheit, in: Nolte/Sitte/Wagner, Wirtschaftliche u. soziale Einheit Deutschlands, S. 170
8 Christa Luft, Die nächste Wende kommt bestimmt, S. 45 ff
9 Günter Ogger, Absahnen und abhauen, S. 56
10 Siegfried Wenzel, Was war die DDR wert?, S. 163
11 Statistisches Jahrbuch 2001 der BRD, S. 506
12 Statistisches Jahrbuch der DDR 1989, S. 262
13 Christa Luft, Die nächste Wende kommt bestimmt, S. 143
14 Günter Ogger, Absahnen und abhauen, S. 191
15 Statistisches Jahrbuch der DDR 1989, S. 262
16 Statistisches Jahrbuch 1993 der BRD, S. 536
17 Statistisches Jahrbuch 2001 der BRD, S. 503
18 Statistisches Jahrbuch 1993 der BRD, S. 691
19 Statistisches Jahrbuch 2001 der BRD, S. 503
20 Günter Ogger, Absahnen und abhauen, S. 126

21 Statistisches Jahrbuch 2001 der BRD, S. 532
22 ISW-report Nr. 54, Juni 2003
23 Statistisches Jahrbuch der DDR 1989, S. 262 ff
24 Siegfried Wenzel, Was war die DDR wert?, S. 171
25 Günter Ogger, Absahnen und abhauen, S.10
26 PHOENIX am 7.8.2003, 18:30 Uhr: »Das Märchen von der gerechten Steuer«, erzählt von Günter Ederer
27 Günter Ogger, Absahnen und abhauen, S. 242
28 Statistisches Jahrbuch 2001 der BRD, S. 670
29 Günter Ogger, Absahnen und abhauen, S. 216
30 Statistisches Jahrbuch der DDR 1989, S. 52
31 Volksstimme Magdeburg vom 4.9.2003
32 Uckermark Kurier vom 6./7.9.2003, Beilage, »Dunkle Flecken auf der Tapete« von Klaus-Dieter Block
33 Statistisches Jahrbuch 1993 der BRD, S. 42
34 Statistisches Jahrbuch 2001 der BRD, S. 508
35 Christa Luft, Die nächste Wende kommt bestimmt, S. 18
36 Statistisches Jahrbuch der DDR 1989, S. 52
37 Wirtschaftswoche vom 29.5.2003, Nr. 23, 2003, S 162
38 Statistisches Jahrbuch 2001 der BRD, S. 468
39 Statistisches Jahrbuch der DDR 1989, S. 262
40 Günter Ogger, Absahnen und abhauen, S. 160
41 Statistisches Jahrbuch 2002 der BRD, S. 515
42 Siegfried Wenzel, Was war die DDR wert?, S. 30
43 Statistisches Jahrbuch 2002 der BRD, S. 490
44 Wilhelm Hankel, Die sieben Todsünden der Vereinigung, S. 182